salud
mental
y fe

salud mental y fe

Daniel & Élida Rota

e625.com

SALUD MENTAL Y FE
e625 - 2022
Dallas, Texas
e625 ©2022 por Daniel y Élida Rota

Editado por: María Gallardo y Marcelo Mataloni

Diseño de portada e interior: **JuanShimabukuroDesign @juanshima**

ISBN: 978-1-954149-16-8

IMPRESO EN ESTADOS UNIDOS

Contenido

Introducción

Cuando se nos propuso escribir un libro sobre salud mental y fe la idea nos entusiasmó muchísimo. «Salud mental» y «fe» son para nosotros conceptos familiares y en este libro tratamos de desarrollarlos ya que comprender cómo interactúan resulta de vital importancia en la vida de un cristiano que padece una enfermedad mental, de la familia a la que pertenece, y de los pastores y líderes de la comunidad de fe donde se congrega.

Para tratar estos temas utilizamos verdades de la Palabra de Dios y verdades de los estudios y descubrimientos científicos en el área de la psicología y la psiquiatría. Los avances en la comprensión del funcionamiento cerebral y las ciencias psicológicas son una herramienta muy útil para la comprensión de las enfermedades mentales. Sabemos que Dios creó todos los principios y leyes que hacen al funcionamiento de todo nuestro ser, y eso es lo que la ciencia trata de descubrir y comprender. Dios ha revelado también muchas cosas acerca de la naturaleza humana en las Escrituras. Por lo tanto, la ciencia de la salud mental y el cristianismo no deben ser antagónicos. El reto que enfrentamos hoy no consiste en elegir entre la fe y la ciencia. Necesitamos de ambas.

Los tiempos que vivimos no son fáciles. Han empeorado mucho los índices de trastornos en salud mental y su impacto es demasiado grande como para ser ignorado en nuestras iglesias. Además, entre las víctimas de este flagelo hay pastores, líderes cristianos, y muchos miembros de las iglesias y sus familias.

En este libro presentamos pautas para conservar y mejorar la salud mental, así como una serie de habilidades y competencias que resultan útiles en la consejería y la ministración al cristiano que padece algún trastorno de salud mental. También describimos el límite entre un problema espiritual y una situación que requiere de ayuda psicológica o psiquiátrica, ya que tratar a la persona que presenta una enfermedad mental como un problema espiritual o de conducta sería un error. Por eso, desmitificamos prejuicios, confrontamos ideas erróneas y explicamos verdades sobre el padecimiento de cristianos con enfermedades mentales.

La enfermedad mental en el cristiano no es una limitación para recibir del Señor el: «*Bien, buen siervo y fiel; sobre poco has sido fiel, sobre mucho te pondré…*», porque muchos, más allá de su enfermedad, han logrado desarrollar sus dones espirituales y han sido de gran bendición. En innumerables casos, las deficiencias, las fragilidades y la vulnerabilidad de cristianos fieles les han servido para capacitarse y servir mejor al Señor, y ser de bendición a millares.

Anhelamos que la lectura de estas páginas sea de ayuda para comprender mejor lo que significa la enfermedad mental, y ministrar mejor a los enfermos mentales y sus familias en nuestras iglesias. Es nuestro mayor deseo, como hijos de Dios y profesionales de la salud mental, poder cumplir este objetivo, y que este libro sea de bendición al amado pueblo de nuestro Padre Celestial.

Capítulo 1

La salud mental

Permítenos comenzar este libro compartiendo contigo algunos datos que asombran:

El cerebro que Dios nos dio

Durante los nueve meses de gestación en el útero materno, se forman en el cerebro del bebé por nacer unas doscientas cincuenta células nerviosas por minuto, completando cerca de cien mil millones de neuronas al final de su desarrollo (un número semejante a la cantidad de estrellas de la vía láctea). A su vez, una sola neurona puede tener hasta doscientas mil conexiones con otras neuronas.

El órgano cerebral se encuentra dividido en dos hemisferios, y en cada uno de estos podemos identificar varios lóbulos que cumplen funciones distintas, desde la memoria y la capacidad de razonamiento, hasta la regulación de nuestros movimientos y los sentidos que nos permiten percibir el mundo que nos rodea.

A nivel biológico, los seres humanos contamos con cinco sentidos: el oído, la vista, el olfato, el gusto y el tacto. Las neuronas sensoriales son las encargadas de llevar la información que reciben de nuestro cuerpo y del mundo externo, desde los oídos, los ojos, la nariz, la lengua y la piel, hasta un área determinada del cerebro. La parte del cerebro a la que llega el nervio óptico no puede percibir ni distinguir las sensaciones características de los nervios del oído, y la del oído no puede percibir ni distinguir aquellas que son características del gusto o del olfato, y tampoco puede distinguir las de los nervios de la piel o el tacto. Dentro del cerebro, los datos que fueron captados por los órganos de los sentidos (oídos, ojos, nariz, lengua y piel) llegan cada uno al lugar correspondiente para ser procesados, y allí se integran, se asocian y se interpretan

¿No está maravillosamente diseñado todo esto?

La mente que Dios nos dio

La mente se ocupa de las emociones, las ideas, las opiniones, las interpretaciones, la forma en que la persona piensa, las respuestas a distintas circunstancias, las creencias, los valores, el juicio moral, las memorias, los razonamientos y muchas cosas más. Hoy en día, a pesar de todos los avances científicos, es imposible explicar, salvo a través de la fe, cómo el cerebro posee la capacidad de tener recuerdos, memorias, pensamientos, emociones, valoraciones, juicios, etc., y todo esto en infinitas combinaciones.

> **La mente es una entidad totalmente diferente al cerebro. El cerebro es materia y la mente es algo inmaterial.**

Para la mente (a veces llamada también «alma») no hay diferencia si las sensaciones son recibidas por los nervios ópticos, auditivos, olfativos, gustativos o táctiles. Esta capacidad va más allá de lo biológico en el cerebro. La mente es una entidad totalmente diferente al cerebro. El cerebro es materia y la mente es algo inmaterial.

«El fisiólogo (científico que estudia los órganos de los seres vivos y su funcionamiento) no puede dar una explicación aceptable de que una vez que llegan las sensaciones de los nervios al lugar indicado (área del cerebro donde se recibe el estímulo a través del nervio correspondiente), aparecen nuevos fenómenos, los cuales son totalmente diferentes de todo lo que depende de la organización del cerebro o los nervios. De pronto aflora y emerge un pensamiento. Una idea se presenta en la mente, se agregan sentimientos, emociones, la voluntad y la capacidad de decidir. No se puede explicar este fenómeno por medio del conocimiento que se ha adquirido sobre la materia nerviosa. Esta capacidad debe residir en algo que va más allá del cerebro. Pues el cuerpo por sí mismo no puede alterar sus fenómenos naturales.

Pero la mente sí hace esto con respecto al cerebro, un pensamiento altera la totalidad de su acción. Por lo tanto el fisiólogo está persuadido de que hay algo más en el ser humano, distinto al cerebro, al cual se le deben atribuir los fenómenos de la mente»[1].

¡Somos incomprensibles hasta para nosotros mismos! Y esto es porque fuimos creados por una mano maestra muy superior a nosotros: Dios mismo. Así como no se puede comprender la esencia de Dios, tampoco se puede comprender en su totalidad el funcionamiento y el alcance de la mente humana.

Como cristianos, usamos para esto las palabras «mente», «corazón» o «espíritu humano», y sabemos que entrar en este terreno es entrar en la obra de Dios, cuando sobre el cuerpo ya formado de Adán, sopló espíritu de vida. Leemos en Génesis 2:7: *«Entonces Dios el Señor formó el cuerpo del hombre del polvo de la tierra y sopló en su nariz el aliento de vida. Fue así como el hombre se convirtió en un ser vivo».* Dios, con su soplo, infundió vida física, mental y espiritual, y el hombre se convirtió en un ser viviente. En 1 Corintios 15:45

---

1. Battie, W., Monro, J. y otros. Los prolegómenos del tratamiento moral, 2013, Editorial Polemos, Buenos Aires, pág. 307

leemos: «*Dicen las Escrituras que el primer Adán se convirtió en un ser viviente; pero el postrer Adán, Cristo, es un Espíritu que da vida*».

Entonces tenemos que el órgano cerebral es parte de nuestro cuerpo, que fue formado por Dios del polvo de la tierra, y es algo maravilloso, por cierto, pero es solo materia como nuestro hígado, riñón o huesos. Por otra parte, la mente (o alma, o psique, o espíritu humano) nos fue dada por Dios al soplar sobre el hombre aliento de vida. ¡Esto nos diferencia de los animales, pues es lo que nos hace llevar la imagen de Dios en nosotros! Dice Génesis 1:26: «*Entonces Dios dijo: «Hagamos a los seres humanos a nuestra imagen, a nuestra semejanza, para que ejerzan poder sobre los peces, las aves, los animales domésticos y salvajes, y sobre los reptiles*»». Esta parte de nuestro ser es inmortal. Es la que luego de la muerte física tiene como destino el cielo o el infierno, según Mateo 25:46: «*Irán, por tanto, al castigo eterno, mientras que los justos entrarán a la vida eterna*».

El Espíritu Santo que Dios nos dio

Los cristianos tenemos además un tercer componente, con el cual no nacimos sino que lo recibimos al creer en Cristo Jesús como nuestro Señor y Salvador. Es el Espíritu Santo. En 1 Corintios 6:19-20 dice: «*¿No saben que el cuerpo es templo del Espíritu Santo, que Dios les dio, y que el Espíritu habita en ustedes? Ustedes no son sus propios dueños, porque Dios nos compró a gran precio. Por tanto, honren con su cuerpo a Dios*». Y en Romanos 8:9 leemos: «*Pero ustedes no son así. Ustedes viven según el Espíritu, si es que el Espíritu de Dios mora en ustedes. No es cristiano quien no tenga el Espíritu de Cristo*». También leemos en Hechos 5:32: «*Nosotros somos testigos de esas cosas, y también lo es el Espíritu Santo que Dios ha concedido a los que lo obedecen*». Al recibir a Jesús como salvador, y cuando el Espíritu Santo entra en nuestra vida, recibimos nuevas capacidades que van más allá de nuestra mente natural: es la mente de Cristo. La mente de Cristo es algo con lo cual no nacemos, ni tampoco la desarrollamos con la edad. En 1

Corintios 2:16 dice: ««¿*Quién ha conocido la mente del Señor? ¿Quién podrá enseñarle?*». *En cambio, nosotros tenemos la mente de Cristo*». Y en Juan 14:26 dice: «*Pero el Consolador, el Espíritu Santo, vendrá en mi nombre porque el Padre lo enviará. Él les enseñará todas las cosas y les recordará todo lo que les he dicho*».

En los cristianos, la mente humana es enriquecida por la mente de Cristo.

El origen de la enfermedad

En Génesis 3 se nos relata la historia de la caída del ser humano y sus consecuencias. Antes de la caída, Adán y Eva tenían una perfecta relación con Dios, con quien conversaban y caminaban por el jardín del Edén. Juntos formaban la imagen de Dios, y había amor y armonía entre ellos. Estaban desnudos y no había ninguna vergüenza. Podemos decir que había gozo, confianza, apertura total; no había nada que esconder. Había amor y comunión con Dios. Adán y Eva tenían un dominio sobre

> **Con la caída entró el pecado al mundo, y con él, el desorden, la enfermedad y la muerte.**

el ambiente en el que estaban. Ellos dominaban sobre todos los animales (a los cuales Adán mismo les había puesto nombre) y sobre todo lo que producía la tierra. Y dice Génesis 1:28-29: «*Luego Dios los bendijo y les dijo: «Tengan muchos hijos, para que llenen toda la tierra, y la administren. Ustedes dominarán a los peces del mar, a las aves del cielo, y a todos los animales que hay en la tierra». También les dijo: «Ustedes se alimentarán de toda planta que se reproduzca por medio de semillas, y de todos los árboles frutales…»*».

Hasta ese momento, todo era hermoso. Pero lamentablemente, con la caída entró el pecado al mundo, y con él, el desorden, la enfermedad y la muerte.

El relato bíblico nos muestra diversos síntomas que comenzaron a tener Adán y Eva luego de pecar, y que son la base de la mayoría de los síntomas de las enfermedades mentales que podemos observar hoy en día. Estos son:

Vergüenza (deshonra, bochorno, sonrojo, turbación). Génesis 3:7: «*Tan pronto lo comieron, se dieron cuenta de que estaban desnudos y sintieron vergüenza. Entonces cosieron hojas de higuera para cubrir su desnudez*».

> ➤ **Miedo (pánico, timidez, temor, terror).** Génesis 3:8: «*... el hombre y la mujer oyeron que Dios andaba por el jardín. Entonces corrieron a esconderse entre los árboles...*»; Génesis 3:10: «*El hombre le contestó: –Oí que andabas por el jardín y me dio miedo, pues estoy desnudo. Así que me escondí*». Vemos que aparece un sentimiento de inferioridad respecto de su propio cuerpo, una baja autoestima. Se distorsiona la percepción del cuerpo humano dado por Dios.

> ➤ **Desplazamiento de la culpa.** Génesis 3:12: «*...La mujer que me diste para que me acompañara me dio del fruto de ese árbol, y yo lo comí*». Adán desplaza la culpa a la mujer, y luego ella a la serpiente: «*...La serpiente me engañó, y por eso comí de ese fruto*» (v. 13). No se asume la responsabilidad. Se tiende a culpar a otros de forma espontánea.

> ➤ **Destierro (falta de pertenencia, confinamiento, extrañamiento).** Génesis 3:23: «*Entonces Dios el Señor expulsó al hombre y a la mujer del jardín de Edén...*». Esto lo vemos hoy día en personas que «no encuentran su lugar en el mundo», o en sentimientos de pérdida de identidad o inestabilidad emocional.

> ➤ **Tristeza (angustia, pena profunda, congoja).** Adán y Eva comenzaron a sufrir un dolor mental por la consecuencia de sus propios actos que afectó su felicidad.

- **Dolor.** El dolor físico es otro síntoma que aparece después de la caída. Génesis 3:16: «*Luego Dios le dijo a la mujer: –Haré que sufras bastante durante tus embarazos y que al tener tus hijos sientas mucho dolor...*».

- **Insatisfacción.** Hageo 1:5-6: «*Yo, que soy el Señor Todopoderoso, les digo: ¡Tengan mucho cuidado con lo que están haciendo! Siembran mucho, pero recogen poco; comen, pero quedan con hambre; beben, pero quedan con sed; se visten, pero la ropa no los calienta; y el salario no les alcanza para nada*».

- **Enojo y amargura.** En Génesis 4:6 vemos que Dios le preguntó a Caín: «*¿Por qué estás tan enojado y andas amargado?*».

- **Asesinato.** Génesis 4:8: «*Un día Caín invitó a su hermano a dar un paseo. Cuando estaban en el campo, Caín atacó a su hermano y lo mató*».

- **Mentira.** Génesis 4:9: «*Poco tiempo después el Señor le preguntó a Caín: –¿Dónde está Abel, tu hermano? Caín le contestó: –No lo sé. ¿Acaso tengo la obligación de cuidar a mi hermano?*».

- **Ceguera espiritual.** 2 Corintios 4:4: «*pues el dios de este mundo los ha cegado y no pueden contemplar la gloriosa luz de la buena noticia acerca de Cristo que brilla ante ellos...*».

- **Muerte (física y espiritual).** Génesis 3:19: «*Para obtener tu alimento tendrás que trabajar mucho, hasta el día de tu muerte; ese día volverás a la tierra de la cual fuiste hecho, pues eres polvo y al polvo tendrás que volver*». Romanos 6:23: «*... la paga del pecado es muerte...*».

Como vemos, el desobedecer a Dios produjo en Adán y Eva consecuencias muy desagradables. Al alterar la imagen de Dios que portaban, trajeron sobre sus vidas dolor, enfermedad y muerte. Además, el intentar ocultar las consecuencias del pecado inhibió el gozo que sentían al principio en su relación con Dios, y abrió la puerta al miedo, la vergüenza y la culpa.

Pero no solo ellos sufrieron. Con el pecado apareció la enfermedad en el mundo: todo se alteró, la naturaleza comenzó a dar cardos y espinos (Génesis 3:18: «*La tierra te producirá espinas y cardos, y tendrás que comer plantas silvestres*»), y toda la creación sufrió (Romanos 8:19-20: «*pues la creación aguarda con ansiedad el día en que se manifieste que somos hijos de Dios, ya que la creación misma fue sometida a frustración...*»).

> **Todo sentimiento bueno dado por Dios fue corrompido por el pecado original y esto puede traer enfermedades mentales u otro tipo de sufrimientos.**

Cuerpo, cerebro y mente fueron creados por Dios, y la Biblia nos dice que estamos hechos a su imagen y semejanza. Sin embargo, la enfermedad es una realidad en nuestras vidas por la naturaleza caída y la presencia del pecado en este mundo.

Por eso:

> El cuerpo se enferma. Por vivir en un mundo caído todas las personas, cristianas o no, pueden enfermar físicamente.

> El cerebro se enferma. Por vivir en un mundo caído todas las personas, cristianas o no, pueden enfermar de su cerebro.

> La mente, alma o corazón se enferma. Por vivir en un mundo caído todas las personas, cristianas o no, pueden enfermar emocionalmente.

Todo sentimiento bueno dado por Dios fue corrompido por el pecado original, y esto puede traer a las personas enfermedades mentales u otro tipo de sufrimientos. El amor se tornó en lujuria y lascivia, el enojo en odio y violencia, la culpa en desesperación, depresión y suicidio, y la paz en indolencia e inactividad, por mencionar tan solo algunos ejemplos.

Además, nuestro cerebro, mente y cuerpo interactúan permanentemente; por eso debemos cuidar todas estas cosas para disfrutar de una salud integral. Muchas veces la mente se ve afectada como consecuencia de las afecciones del cuerpo, como ocurre con el hipotiroidismo, una enfermedad de la tiroides que produce síntomas como pérdida de interés, incapacidad para disfrutar de actividades placenteras, retardo psicomotor, apatía, pérdida de memoria y depresión.

También la mente puede verse afectada por enfermedades del órgano cerebral, como la demencia, que trae como síntoma la pérdida de las capacidades cognitivas. O una inflamación del cerebro por una infección, que trae como síntomas cambios bruscos de la personalidad y confusión.

El cuerpo, a su vez, es propenso a verse afectado por aquello que afecta a la mente. Esto resulta evidente en el caso de emociones intensas como la esperanza, el miedo, el amor, la ira, la alegría, la tristeza, el gozo o la desesperación, ya que usualmente se presentan acompañadas de taquicardia, sudoración, hipertensión y cefaleas.

Como ejemplo de enfermedades mentales de origen biológico, es decir, que se originan en el cerebro, encontramos la depresión endógena. Esta enfermedad se crea dentro del cerebro, sin necesidad de que exista un factor externo. Es producida por cambios fisiológicos, por desequilibrios químicos en el propio cerebro y no guarda relación con acontecimientos vitales estresantes o negativos. Las sustancias químicas involucradas en esta enfermedad se denominan «neurotransmisores». Los neurotransmisores tienen la función de ser mensajeros, transmitiendo señales de una neurona (una célula nerviosa) a otra. Algunos de estos neurotransmisores, como la serotonina, la noradrenalina y la dopamina, desempeñan un papel importante en la regulación del estado de ánimo. Esta depresión es provocada por un descenso en la serotonina disponible para las células cerebrales. Hoy se sabe que en este tipo de depresión pueden existir factores genéticos, y que las variaciones genéticas pueden pasar de padres a hijos. Por eso, debemos tener en cuenta que una persona puede presentar depresión de origen biológico si se alteran sus neurotransmisores o si familiares directos la han padecido. El riesgo para familiares de primer grado es mayor, aunque no necesariamente vayan a desarrollar el trastorno. La medicina puede restaurar el balance químico de los neurotransmisores y ayudar a aliviar los síntomas mentales con medicamentos llamados psicofármacos. En la actualidad se cuenta con numerosos psicofármacos muy efectivos para tratar esta y otras enfermedades mentales.

Otra enfermedad de origen biológico es la esquizofrenia. Se considera una enfermedad producto de la alteración del neurodesarrollo. Hay alteraciones bioquímicas en las que se ha visto que la dopamina es el neurotransmisor que está más alterado, postulando que la enfermedad, o al menos los síntomas psicóticos, son el resultado de un exceso de actividad dopaminérgica. Esta enfermedad también presenta una incidencia genética.

¿Qué se entiende hoy por salud y enfermedad mental?

Definición de salud: La Organización Mundial de la Salud define a la salud como *«un estado de completo bienestar físico, mental y social, y no meramente ausencia de enfermedad o invalidez»*[2]. Esta definición entró en vigor en el año 1948 y no fue modificada hasta la fecha. Claro que es una definición demasiado abarcativa, dado que un problema económico o conflicto social no siempre es un factor generador de enfermedad.

Otras definiciones que nos parecen interesantes son:

---

2. Organización Mundial de la Salud – Preguntas más frecuentes - https://bit.ly/39YCv8F

«La salud no es solo la ausencia de la enfermedad, sino que es algo positivo, una actitud gozosa ante la vida y una aceptación alegre de las responsabilidades que la vida hace recaer sobre el individuo»[3].

«El estado de adaptación al medio y la capacidad de funcionar en las mejores condiciones en este medio»[4].

Por otra parte, el Informe Lalonde 1, producido en Canadá en 1971, dice que existen cuatro componentes que afectan el grado de salud de una comunidad: la biología humana, el medio ambiente, el estilo de vida y la organización de la atención (los recursos con que cuenta la comunidad para tratarla)[5].

Cada cultura tiene una percepción distinta de lo que es la salud, y a su vez las definiciones han ido variando en cada etapa de la historia. Por otra parte, cada persona responde de manera distinta a los problemas de salud. Pero hay algo en lo que seguramente estarían de acuerdo todas las personas y todas las culturas de todas las épocas, y es en que resulta impor-

La salud no es solo ausencia de enfermedad.

tantísimo preservarla. Lamentablemente, esta es una meta compleja. La salud es un concepto dinámico: uno está sano y puede luego no estarlo. También puede enfermar y curarse, y luego enfermar nuevamente.

Definición de salud mental: El Manual Diagnóstico y Estadístico de los Trastornos Mentales (DSM), que sirve de referencia para la mayoría de los profesionales de la Salud Mental en Latinoamérica, define a la enfermedad mental como *«un conjunto de signos y síntomas caracterizado por una alteración clínicamente significativa del estado*

---

3. Sigerist, H.,1941

4. Dubos, R., 1995

5. Lalonde, Marc: El concepto de campo de la salud: una perspectiva canadiense. En: Promoción de la Salud: Una Antología, OPS-OMS, Washington, DC, Publicación Científica N° 557, Págs. 3-5, 1996

cognitivo, la regulación emocional o el comportamiento de un individuo, dado por alteraciones en los procesos psicológicos, biológicos o del desarrollo de las funciones mentales».

La OMS dice que «La salud mental es el bienestar emocional, psíquico y social que permite llevar adelante los desafíos de la propia vida y de la comunidad en la que vivimos», y que «No hay salud sin salud mental»[6].

La persona con una buena salud mental comprende sus propias habilidades, ejercita plenamente sus capacidades, puede tratar con el normal estrés de la vida y disfrutar de ella, puede trabajar productivamente, y es capaz de contribuir a su comunidad.

La enfermedad mental

Hablamos de que existe una enfermedad mental cuando el estado de bienestar se compromete, dando lugar a una alteración de tipo emocional, cognitiva y/o del comportamiento, en la que quedan afectados procesos psicológicos básicos como la emoción, la motivación, la cognición, la conciencia, la conducta, la percepción, el aprendizaje y el lenguaje. Esto le dificulta a la persona su adaptación al entorno social en el que vive, y crea además una sensación de malestar.

Entre las causas de la aparición de una enfermedad mental suelen confluir múltiples factores biológicos (genes, herencia, enfermedades físicas, alteraciones bioquímicas, metabólicas, etc.), psicológicos (vivencias de la persona, experiencias traumáticas, etc.) y sociales (cultura, ámbito social y familiar, etc.).

La enfermedad mental es más común de lo que se cree. Según la Organización Mundial de la Salud[7], el 12,5% de todos los problemas de salud está representado por los trastornos mentales (una cifra mayor

---

6. World Health Organization, Mental health: Strengthening our response Fact Sheet (2016), https://bit.ly/3y3Yd35

7. La salud mental en cifras - Confederación Salud Mental España - https://bit.ly/3bE8OKF

a la del cáncer y los problemas cardiovasculares) y una de cada cuatro personas en todo el mundo experimentará problemas de salud mental en algún momento de su vida. Y, como si fuera poco, entre el 35% y el 50% de las personas que sufren este tipo de problemas no recibe ningún tratamiento o bien no es el adecuado. Por todo esto, se estima que los problemas de salud mental serán la principal causa de discapacidad en el mundo en 2030.

Actualmente vivimos en un mundo cada vez más difícil. Son muchísimas las personas que han pasado por sucesos traumáticos, como la enfermedad terminal de un familiar, abuso sexual, maltrato físico y psicológico, pérdidas laborales y de ingresos, violencia política o migración forzada, entre otros. El abuso sexual, físico y psicológico generalmente suceden juntos, al igual que el abuso infantil y la exposición a la violencia doméstica[8]. Vemos además que los niños son altamente vulnerables, derivando luego en enfermedades mentales cuando son adultos.

Traumas de dicha magnitud se están volviendo cada vez más frecuentes y superan la capacidad de las personas para afrontarlos. Estos traumas pueden resultar en un Trastorno por Estrés Postraumático, o en enfermedades mentales como depresión, ansiedad, trastornos de ansiedad social y comportamientos arriesgados. Los efectos adversos influyen en toda la personalidad, produciendo además vergüenza, temor, culpa y baja autoestima.

Con un tratamiento adecuado y recursos espirituales provistos por una comunidad de fe, podemos ayudar a sanar el trauma psicológico.

---

8. Moffitt, E. y Caspi, A. Preventing the Intergenerational Continuity of Antisocial Behavior: Implications of Partner Violence, in D. P. Farrington & J.W. Coid (Eds.), Early Prevention of Adult Antisocial Behavior (Cambridge, UK, Cambridge University Press, 2003), 109-29

Algunas de estas personas pueden ser miembros de nuestras iglesias. Con un tratamiento adecuado, sumado al apoyo, comprensión y recursos espirituales provistos por una comunidad de fe, podemos ayudar a sanar el trauma psicológico.

Medicina y salud mental

En los últimos años hemos visto notables avances en el diagnóstico y tratamiento de las enfermedades mentales. Avances en el estudio del funcionamiento del cerebro como órgano (el uso de la Tomografía por Emisión de Positrones ha permitido ver la actividad cerebral y sus cambios en presencia de enfermedades), avances en el estudio de los neurotransmisores y su influencia en el origen de las enfermedades biológicas, y avances en el estudio de los genes y su influencia en algunas enfermedades (por ejemplo, la esquizofrenia, el trastorno bipolar, el TDAH y el autismo tienen una alta influencia genética). Hubo también un gran avance en el descubrimiento de fármacos que alivian o suprimen síntomas de enfermedades mentales y disminuyen las recaídas.

En relación a esto último, es posible tomar las cifras de consumo de psicofármacos como un indicador del aumento de las enfermedades mentales. Tomaremos a modo de ejemplo el caso de Argentina, sabiendo que este puede extrapolarse a muchos otros países. De entre los datos que destaca el informe del Observatorio Argentino de Drogas[9], el consumo de medicamentos psicotrópicos como los ansiolíticos, antidepresivos e hipnóticos en la vida cotidiana ha aumentado notablemente en los últimos tiempos. Un tercio de las mujeres toma algún tipo de psicofármaco, y el consumo de Alprazolam (fármaco que ayuda a controlar la ansiedad) alcanza el 55,6%, lo que lo convierte en «el más elegido». Asimismo, en el país se venden más de un millón de comprimidos de psicofármacos por día, para una población de 40 millones de habitantes. Entre quienes refirieron

---

9. Consumo de drogas en la población general. argentina.gob.ar - https://bit.ly/3a2CD71

haber consumido estimulantes o tranquilizantes alguna vez en la vida, los fármacos referidos en mayor medida fueron los antidepresivos.

La psicoterapia es también una herramienta efectiva en el tratamiento de las enfermedades mentales. Kandel[10] describe que la psicoterapia es efectiva y produce cambios de larga duración en el comportamiento, y presumiblemente lo hace mediante mecanismos de aprendizaje que producen cambios en la expresión de los genes, que alteran a la vez la fuerza de las conexiones sinápticas y los cambios estructurales, modificando también el patrón anatómico de interconexiones entre las células nerviosas del cerebro. Así, el terapeuta que habla y obtiene mejoras en el paciente está produciendo necesariamente cambios en el cerebro del mismo.

Es sabido que una dendrita, que es una ramificación de una neurona para transmitir información, puede generarse en el cerebro en minutos por el estímulo de un nuevo aprendizaje. Cada vez que se adquieren nuevos conocimientos la comunicación entre las neuronas implicadas se ve reforzada. Cuando la persona está ocupada en un nuevo

> **Cada vez que se adquieren nuevos conocimientos la comunicación entre las neuronas implicadas se ve reforzada.**

aprendizaje o en una nueva experiencia, el cerebro establece una serie de conexiones neuronales. Esto es como establecer una nueva ruta entre las neuronas. Estas rutas se crean en el cerebro a través del aprendizaje y la práctica, de forma muy parecida a como se forma un camino de montaña a través del uso diario de una misma ruta por un pastor y su rebaño. Y estas vías de comunicación se pueden modificar y generarse durante toda la vida. A esto se le llama neuroplasticidad.

---

10. Kandel E. R. A new intellectual framework for psychiatry. Am J Psychiatry, 1998; 155: 457-69

Biblia y salud

En la Biblia encontramos preocupación por el cuidado de nuestra salud integral.

En la Biblia encontramos preocupación por el cuidado de nuestra salud integral.

Pablo en 1 Tesalonicenses 5:23 (RVR60) dice: «*Y el mismo Dios de paz os santifique por completo; y todo vuestro ser, espíritu, alma y cuerpo, sea guardado irreprensible para la venida de nuestro Señor Jesucristo*». En Jeremías 17:14 leemos: «*¡Señor, sólo tú puedes sanarme, sólo tú puedes salvarme de todos los peligros, por eso toda la gratitud de mi corazón es sólo para ti!*», y en 3 Juan 1:2: «*Querido hermano, ruego a Dios que en todo te vaya bien y que tu cuerpo esté tan saludable como lo está tu alma*».

Como vemos, el cuidado de la salud en general, incluyendo la salud mental, está arraigado en las Escrituras. De hecho, el profeta Isaías describió que parte de la misión del Mesías venidero implicaba el consolar a los afligidos, es decir, sanar sus corazones o sus emociones heridas. En Isaías 61:1 leemos: «*El Espíritu del Señor Todopoderoso está sobre mí, porque me eligió para traer buenas noticias a los pobres, para consolar a los afligidos y para anunciarles a los prisioneros que pronto van a quedar en libertad*». En la actualidad vemos mucha gente que pasa situaciones de verdadero cautiverio mental, y en Jeremías 31:13 el Señor promete: «*Las doncellas danzarán de gozo y los hombres —viejos y jóvenes— participarán en la alegría; porque transformaré su aflicción en gozo, los confortaré y los haré alegrarse, porque el cautiverio con todos sus dolores quedará atrás*».

En el Nuevo Testamento vemos que «*Jesús recorría las ciudades y los pueblos de la región enseñando en las sinagogas, predicando las buenas nuevas del reino y sanando a la gente de sus enfermedades y dolencias*» (Mateo 9:35). Y hay muchos otros textos bíblicos que nos hablan del interés de Dios en que seamos sanos...

> ➤ «Sanad enfermos, limpiad leprosos, resucitad muertos, echad fuera demonios; de gracia recibisteis, dad de gracia». (Mateo 10:8, RVR60)

> ➤ «Él sana a los quebrantados de corazón y les venda las heridas». (Salmos 147:3)

> ➤ «Si alguno está enfermo, que llame a los ancianos de la iglesia para que oren por él y lo unjan con aceite en el nombre del Señor. La oración que hagan con fe sanará al enfermo y el Señor lo levantará. Y si ha pecado, él lo perdonará». (Santiago 5:14-15)

> ➤ «Sin embargo, vendrá el tiempo en que sanaré a Jerusalén y le daré prosperidad y paz». (Jeremías 33:6)

> ➤ «Los cuida en sus enfermedades, y alivia sus dolores y preocupaciones…» (Salmos 41:3-4)

> ➤ «Por la noche llevaron varios endemoniados a Jesús. Bastaba una sola palabra para que los demonios huyeran y los enfermos sanarán. Así se cumplió la profecía de Isaías: «Él mismo tomó nuestras enfermedades y llevó nuestras dolencias»». (Mateo 8:16-17)

> ➤ «Y sin embargo, el sufrimiento que él padeció es el que a nosotros nos correspondía, nuestras penas eran las que lo agobiaron. Y nosotros pensábamos que sus tribulaciones eran castigo de Dios por sus propios pecados». (Isaías 53:4)

La Biblia nos habla también de las obras de la naturaleza pecaminosa en contraste con el fruto del Espíritu en Gálatas 5:19-23 cuando dice: *«Estas son las obras de la naturaleza pecaminosa: inmoralidad sexual, impureza y libertinaje; idolatría y brujería; odios, pleitos, celos, iras, rivalidades, disensiones, sectarismos y envidia; borracheras, orgías y otras cosas como esas. Como ya les dije antes, se los repito ahora: los* que llevan esa clase de vida no heredarán el reino de Dios. En cambio, este es el fruto que el Espíritu produce en nosotros: amor, gozo, paz, paciencia, benignidad, bondad, fidelidad, humildad y dominio propio. No hay ley que condene estas cosas». El resultado de la naturaleza caída tiene dos aspectos. Uno es que la persona no heredará el reino de Dios. El otro es que, en la vida cotidiana, estas conductas tienen influencia, siendo factores que fomentan la enfermedad. Vemos que conductas surgidas como fruto del Espíritu, en cambio, son generadoras de salud.

La iglesia y la salud mental

Dentro de la Iglesia podemos encontrar distintas opiniones acerca de las enfermedades mentales, los profesionales del área y los cristianos que las padecen. En muchos casos la enfermedad mental genera temor porque no se comprende bien, o por los comportamientos que tienen algunos pacientes, lo que crea desorientación sobre cómo hay que tratar con ellos.

En nuestro caso personal, ambos nacimos en hogares cristianos y desde nuestra niñez concurrimos a la misma iglesia. Nuestros padres eran ancianos (pastores) de esa congregación. Cuando yo, Élida, al terminar mis estudios secundarios, me inscribí en la carrera de Psicología, varios hermanos de la iglesia trataron de disuadirme diciéndome que esto me iba a apartar del Señor, y que eran estudios que no correspondían a un cristiano.

Lo mismo me pasó a mí (habla Daniel) cuando, al concluir la carrera de Medicina, elegí seguir la especialidad de Psiquiatría. «La psiquiatría no es para cristianos, y un cristiano no puede ser psiquiatra», me dijeron. Incluso más adelante, ya en el ejercicio de mi profesión, leí algunos libros cristianos que sostienen esa misma posición. Aquí va un ejemplo:

«La mayoría de los psicólogos y psiquiatras cristianos son como un carpintero cristiano que mete un clavo de la misma manera que un carpintero no cristiano. Esto no quiere decir que un cristiano que hace terapia no sea sincero, ya en su terapia o en su relación con el Señor Jesucristo; es afirmar que él no ha experimentado la vida abundante, victoriosa o no sabe cómo compartirla en su ambiente clínico. Si lo hiciera se vería obligado a repudiar la mayor parte de su técnica por ser de dudoso valor y de abandonar su terapia en deferencia a la del Espíritu Santo.

[…] A las personas que vienen a nosotros por consejo no se les asigna una clasificación tal como esquizofrénica, aun cuando se reconoce que sus síntomas podrían caber en esa categoría. Tal clasificación es realmente innecesaria dado que Cristo es la curación para toda enfermedad emocional».[11]

Sin embargo, nosotros, como cristianos profesionales de la salud mental, consideramos que la psicología y la psiquiatría pueden ser buenas aliadas de la fe, ayudando a comprender mejor cómo nos hizo Dios: seres espirituales con un cuerpo físico y un alma (o psiquismo). Creemos que Dios se revela de manera especial por las Escrituras y de manera general por la creación. Por eso, puede haber congruencia entre las Escrituras y los hallazgos psicológicos. Dios, al crear al ser humano, creó la posibilidad de la psicología. Como dice Lawrence Crabb en su libro *Principios bíblicos del arte de aconsejar*, *«Las verdades de la psicología secular no están en conflicto con las Escrituras, y las Escrituras tienen mucho que decir sobre la psicología. El estudio de ambas nos dará un más completo entendimiento de la personalidad humana».*

Ahora bien, es una ilusión y una fantasía pensar que el solo hecho de ser cristianos nos hace inmunes a la enfermedad mental, o que toda disfunción mental se desarrolla por ocultar algún pecado. Este

---

11. Solomon, C. R. Hacia la felicidad. Casa Bautista de publicaciones, 1978, págs. 26 y 37

argumento es usado por nuestro enemigo, Satanás, para destruir y afectar la vida de muchos creyentes, y a sus familias, que también necesitan ayuda.

Es una ilusión pensar que el solo hecho de ser cristianos nos hace inmunes a la enfermedad mental. Este argumento es usado por Satanás para destruir a muchos creyentes.

Se hace necesario entonces comprender que la enfermedad mental puede llegar a ser una enfermedad como cualquier otra, y que la puede padecer cualquier persona, aun los fieles cristianos. Como dice Collins, «*Si las influencias del pasado y el estrés del presente son demasiado pesados, puede resultar en un quebrantamiento de la persona*».[12]

El Pacto de Lausana es ampliamente considerado como uno de los documentos teológicos más importantes del movimiento evangélico. En ese contexto, en el Foro para la Evangelización Mundial del año 2004, el Grupo Temático Misión Integral incluyó explícitamente a la salud mental como parte de la misión integral de la Iglesia, señalando:

«*La misión integral es la misión dirigida hacia la satisfacción de las necesidades humanas básicas, que incluyen la necesidad de Dios, pero también la necesidad de alimento, amor, vivienda, ropa, salud física y mental, y un sentido de dignidad humana*».

Y continúa diciendo:

«*La falta de atención a este tema importante, tanto por la Iglesia como por la sociedad secular, ha dejado a miles de personas con problemas de salud mental estigmatizadas, juzgadas como espiritualmente*

_____

12. Collins, G. Search for Reality. Santa Ana, Vision House

*deficientes y, a veces, en el caso de enfermedades mentales graves, (...)
expuestas a condiciones de vida precarias. Quienes sufren de problemas de salud mental tienen un cuidado de salud de menor calidad,
derechos humanos menoscabados y mayor mortalidad. Constituye
uno de los mayores campos de misión para la Iglesia en todo el mundo.
Investigaciones en EE.UU. muestran que a menudo los pastores son las
primeras personas a quien llama una familia cuando hay una crisis de
salud mental. Pero los pastores a menudo son reacios a hablar acerca
de la enfermedad mental desde el púlpito o sienten que no están prepa-
rados para hacerlo».*[13]

Qué puede hacer el pastor

Ningún pastor o líder se sorprendería si se le dice que su oración por
un enfermo produce efectos beneficiosos, y que puede resultar en
una medicina para el alma y el espíritu de esa persona. Pero es posible que más de uno se sorprenda si le decimos que él mismo, su
propia persona y presencia, constituye una medicina.

Recuerda que 2 Corintios 5:20 dice: «*Somos embajadores de Cristo.
Dios les habla a ustedes por medio de nosotros...*». ¡Tú eres un emba-
jador de Cristo ante el enfermo! Y la presencia, la palabra, la actitud
y una multitud de impensados recursos que operan en el encuentro
entre el pastor y el enfermo, todas estas cosas, ejercen su efecto terapéutico sobre la persona que padece.

¡Tú puedes ser un factor de bendición sobre la vida de esa persona,
no solo por la oración que hagas sino por lo que representas para esa
persona! Es bien sabido que un gran porcentaje de cristianos que
comienzan con síntomas de enfermedad mental, al primero que
consultan es al pastor. Tu sola presencia puede producir efectos terapéuticos que no conviene olvidar.

---

13. Padilla, C. R. Holistic Mission, Lausanne Occasional Paper No. 33: Holistic Mission, 2005, 11-23, https://bit.ly/3QRnfLk

¡Tú eres un agente de salud! Una mano que se estrecha con firmeza y que transmite tranquilidad y afecto. Una mirada que se dirige a los ojos y no a la simple lectura de un texto bíblico. El silencio respetuoso e interesado de la escucha atenta. Una persona que hace saber al otro que lo que a él le ocurre es importante.

Todo esto hace de ti un agente de salud… Pero, por los mismos motivos, también puedes ser un obstáculo para el alivio de esa persona. La opinión que tú tengas formada sobre la enfermedad mental en la vida de un creyente se va a transmitir, quieras o no, en ese encuentro, a través de tus actitudes y comentarios. Además, es muy importante que cuides tus palabras, ya que, como es sabido, en ocasiones una palabra se convierte (para bien o para mal) en una profecía autocumplida.

Los pastores, al igual que todos los cristianos, somos personas vulnerables en algún aspecto de nuestras vidas, y reconocer esto nos prepara para pedir ayuda cuando la necesitemos. No debemos avergonzarnos; el reconocerlo frente a los demás nos hace vernos como personas normales, como todos los demás miembros de la iglesia. Evitamos así que nos vean como Superman, como un sabelotodo y puedelotodo. De esta manera se bajan las expectativas que los miembros tienen sobre el pastor, de que es una persona que nunca necesita nada ni de nadie, que solo está allí en la iglesia para dar y nunca para recibir. Debemos mostrarnos tal como somos, porque todos somos humanos vulnerables y, si somos fieles, solo por la gracia de Dios somos útiles y de bendición para los demás.

Hay un interesante artículo titulado «*La salud mental y la iglesia: 'La gente está buscando misericordia'*»[14], que habla también sobre este tema:

«*Los pastores deben aprender a ayudar las almas atribuladas y a quitar el estigma asociado con la enfermedad mental*», dijeron Rick

---

14. La salud mental y la iglesia: La gente está buscando misericordia. Baptist Press - https://bit.ly/3y3D09u

Warren y Tony Rose en un diálogo interactivo de video con Russell D. Moore, presidente de la Comisión de Libertad Religiosa y Ética.

«La frase 'salud mental' o 'enfermedad mental' no equivale a demencia,» dijo Warren, pastor de la Iglesia Saddleback en Lake Forest, California, en un video emitido en el sitio web de la entidad de la CBS erlc.com. «Mucha gente piensa que la enfermedad mental significa que la gente está desconectada de la realidad. Noventa y nueve por ciento de nosotros — e incluyo a todos nosotros — luchamos con asuntos de salud mental, y no estamos desconectados de la realidad. La depresión es un asunto de salud mental. La preocupación es un asunto de salud mental. Las compulsiones son un asunto de salud mental... El miedo es un asunto de salud mental.»

Warren habló de un trastorno cerebral que él tiene que le causa que se maree y experimente ceguera parcial cuando tiene una descarga de adrenalina. El padecimiento causó que una vez se desvaneciera cuando se levantó para predicar, lo que lo llevó a una lucha de años con el miedo y la depresión, que incluyó visitas a consejeros cristianos, dijo.

«Cuando comienzo a compartir asuntos como este, entonces eso causa que mi iglesia pueda abrirse acerca de sus propios asuntos de salud mental», dijo Warren».

También el Dr. Ed Stetzer, Director Ejecutivo del Centro Billy Graham del Wheaton College, insta a los pastores a hablar abiertamente acerca de los problemas de salud mental (como lo haría alguien sobre cualquier otro problema de salud), y a que eduquen a sus congregaciones. Es Stetzer quien ha acuñado la frase: «Los sermones ponen fin al estigma».[15]

---

15. Stetzer, E. Sermons Stop Stigma, Plenary address via video at the Summit on the Church, Health, and Mental Health (Belhaven University, Jackson, MI, 2016)

Qué puede hacer la Iglesia

La promoción, protección y restauración de la salud mental debe ser una preocupación del individuo, de la sociedad y de la Iglesia en general.

Las iglesias, como comunidades de fe y sanación centradas en Cristo, pueden tener entre sus objetivos el abordar los temas de salud mental y trauma dentro de su misión integral, aportando los recursos de enseñanza bíblica, oración, comunión, hospitalidad, cuidado y asesoramiento a quienes sufren de problemas de salud mental.

Aquí van algunas ideas…

> ‣ Hablar sobre el tema usando un idioma que sea apropiado para el entorno cultural. Hay un tremendo poder para romper estigmas en un pastor que aborda la salud mental y el trauma desde el púlpito, con sabiduría y sin prejuicios hacia las enfermedades mentales.

> ‣ Utilizar el púlpito, los grupos pequeños, el discipulado y las actividades con grupos homogéneos para introducir principios que ayuden a un estilo de vida sano y que evite o morigere las enfermedades mentales.

> ‣ Alentar a la congregación a ofrecer ayuda práctica y hospitalidad a las personas que sufren y a sus familias, como lo haría un cuerpo de iglesia para cualquier enfermedad o crisis. El proceso normal en los miembros de la iglesia es que si fuimos consolados podemos consolar, si fuimos ayudados, podemos ayudar, y si fuimos sanados, podemos comprender y ayudar a sanar. Cada miembro sensible al dolor, al sufrimiento y a la enfermedad, está capacitado para cumplir con la palabra que dice: «*Ayúdense unos a otros a llevar sus cargas…*» (Gálatas 6:2).

> ➤ Ayudar a conectar a las personas con necesidades específicas con recursos comunitarios confiables. Tener información acerca de recursos de derivación disponible en la ciudad, y asegurarse de que la congregación sepa que existen.

> ➤ Salir a extender el amor de Cristo a través de la amistad. Las personas con problemas a menudo se sienten excluidas y aisladas, y podrían necesitar un acercamiento adicional para saber que son acogidas como parte de la comunidad.

Lamentablemente, es muy común ver que en las congregaciones las personas que sobrellevan una enfermedad mental reciben menos apoyo pastoral, como oración, visitación y asistencia de necesidades, que aquellas que padecen una enfermedad física. En muchos casos esto se debe a una comprensión inadecuada de la enfermedad mental, lo cual hace que se la relacione con problemas meramente espirituales, o a un desconocimiento sobre el tema, que genera temor por prejuicios y preconceptos erróneos.

Qué puede hacer la familia

La aparición de una enfermedad mental en algún integrante de la familia altera el funcionamiento de la misma e impacta en cada uno de sus miembros. Los cambios que se producen dependen de diversos factores, como el ciclo vital que esté atravesando la familia, la edad del paciente, el grado de solidez de las relaciones, la historia familiar, el nivel de comunicación entre sus miembros, etc. Nadie está preparado para enfrentar el primer episodio de una enfermedad mental grave. Puede haber perplejidad, temor por los comportamientos extraños y por lo que pueda venir, y desorientación en cuanto a lo que hay que hacer.

En general, las familias flexibles se adaptan mejor a los cambios que resulta necesario implementar. Por ejemplo, en una enfermedad prolongada, el rol o la función que el enfermo desempeñaba tiene que ser suplido o reemplazado por algún otro miembro de la familia. Si esto no se logra, puede generarse una crisis. En enfermedades agudas, como por ejemplo una primera crisis psicótica, el impacto es muy grande y la necesidad de cambios es muy rápida. Por otro lado, si la enfermedad se prolonga la familia puede sufrir estrés crónico.

Hay familias que tienden a cuidar y suplir todas las necesidades del enfermo. Otras familias son negadoras, no quieren ver lo que les está pasando, y cada integrante sigue con sus tareas y responsabilidades negando toda ayuda y cuidados que se les quiera brindar. En otras familias el cuidado recae en una sola persona, generalmente una mujer, como la madre o la hermana del enfermo.

Y hablando de este tema, se debe prestar atención a cada caso para poder ayudar también a los hermanos de los enfermos mentales, dado que es muy común que experimenten una mezcla de sentimientos: culpa por tener ellos una vida mejor, miedo y angustia por la posibilidad de llegar a sufrir la misma enfermedad o que le pase a sus hijos, tristeza y dolor por lo que el hermano no podrá lograr en la vida, vergüenza ante sus amigos por el estigma de la enfermedad, enojo y resentimiento por recibir menos atención de sus padres, amor por su hermano enfermo, y preocupación por su propio futuro ante la responsabilidad de tener que cuidar de ese hermano enfermo.

Cada familia es única en su estructura y dinámica, y también lo son las respuestas al problema. Los síntomas de una dificultad familiar para enfrentar el problema son: exclusión temprana del hogar del miembro enfermo, ruptura o crisis matrimonial, síntomas psicosomáticos en el cónyuge o los hijos, incumplimiento de los tratamientos médicos, intensos sentimientos de enfado, culpa o desesperación, y silencio sobre la enfermedad.

Algunos consejos para las familias del enfermo mental:

> Nadie tiene la culpa.

> Es natural sentir enojo

> No es algo para avergonzarse.

> Busquen ayuda y consejo rápidamente, porque es necesario conocer cómo tratar al enfermo de acuerdo a su patología.

> Tengan en cuenta que lo que sostiene a la familia es una buena comunicación intrafamiliar. Además, a mayor comunicación intrafamiliar, mejor respuesta al tratamiento.

> Deben tener un espacio para que cada integrante pueda conversar sobre lo que siente y piensa acerca de lo que está pasando, y compartir temores y ansiedades.

> Eviten señalar las conductas indeseables del enfermo, marcando defectos, errores, conductas incoherentes o equivocaciones. No se debería poner luz sobre las debilidades de la persona. Difícilmente señalando lo negativo de la persona aparecerá la conducta opuesta, y esto dañará mucho el valor personal del enfermo.

> Recuerden que palabras dichas en un momento de frustración o enojo pueden empeorar las cosas.

> Deben aceptar el hecho de que hay una persona enferma en la familia, y que ustedes tienen que aprender a afrontar esta situación de la mejor manera posible. Una buena idea es buscar si en su zona hay grupos de apoyo o grupos terapéuticos de familiares de pacientes con la misma patología.

> La instrucción familiar debe incluir cómo manejar la medicación, cómo manejar el estrés, cómo obtener apoyo externo, las perspectivas de futuro y signos tempranos de recaídas.

> La familia debería ser un lugar donde el enfermo pueda encontrar el amor, la comprensión, el apoyo y la fuerza espiritual para sostenerse frente a la enfermedad. La vestimenta,

alimentación, dinero y abrigo pueden ser suplidos por la familia o por otras instituciones, pero lo que hace única a la familia cristiana es que puede brindar la fe en el cuidado de Dios sobre la vida de cada uno, el amor y la aceptación del enfermo.

Capítulo 2

Prejuicios y verdades acerca de la enfermedad mental

Un prejuicio es una opinión preconcebida negativa. Por ejemplo, en este caso, sería hacia la asistencia psiquiátrica o bien hacia los trastornos mentales y emocionales, pensando que solo son problemas espirituales, de carácter o de voluntad. Muchas veces, los prejuicios también abarcan a los profesionales de la salud que se ocupan de estos temas, ya que se considera que la vida emocional no merece una atención igual a la del estado físico.

Una idea es un prejuicio cuando es resistente a todas las pruebas que la refutan. Tendemos a crecer emocionalmente cuando algún prejuicio que tengamos se transforma mediante el acceso a nuevos conocimientos. Si una persona es capaz de rectificar sus prejuicios a la luz de nueva información, entonces no tiene prejuicios. Es por eso, querido lector, que el objetivo de estas reflexiones es ayudarte a repensar tus ideas, preconceptos y prejuicios en cuanto a la enfermedad mental en la vida de los creyentes.

Los prejuicios promueven la discriminación de las personas y alientan su segregación y exclusión.

En el área de la salud mental, los prejuicios promueven la discriminación de las personas y alientan su segregación y exclusión, profundizando así el sufrimiento mental. Lamentablemente existe en la sociedad y en muchas iglesias en Latinoamérica la creencia de que un verdadero cristiano no necesita de la psicología o de la psiquiatría para solucionar sus problemas emocionales o mentales, porque tiene al Espíritu Santo y eso debe ser suficiente (y en caso de no poder solucionar una determinada situación con las armas espirituales, automáticamente se cree que es porque «algo no anda bien en la vida espiritual de esa persona»).

Estas opiniones preconcebidas en relación a la salud mental dentro del cuerpo de Cristo son generadas principalmente por un desconocimiento del tema. Lo triste es que, por ignorancia, podemos traer incomprensión, temor, rechazo o aun desprecio a las personas que padecen estos problemas.

Señalaremos ahora algunos de los prejuicios más comunes para que juntos podamos analizarlos:

1. «Las enfermedades mentales son problemas poco frecuentes».

Esto no es verdad. Las enfermedades mentales están catalogadas dentro de las enfermedades más frecuentes y, de hecho, son consideradas como un grave problema de salud pública a nivel mundial. Un estudio desarrollado en 2019 confirmó además que una gran proporción de la carga de enfermedad del mundo es atribuible a los trastornos mentales. Tan es así que la Comisión Lancet de Salud Global en Sistemas de Salud de Alta Calidad, que abarca a profesores, científicos y líderes políticos de dieciocho países hablando sobre salud mental mundial y desarrollo sostenible, enfatizó a la salud mental como un derecho humano fundamental y esencial para el desarrollo de todos los países. La Comisión pidió más inversión en servicios de salud mental como parte de la cobertura universal de salud.[1]

Las cifras hablan por sí solas. La depresión, por ejemplo, es un trastorno mental muy frecuente y una de las principales causas de discapacidad, afectando a más de 264 millones de personas alrededor del mundo. La esquizofrenia es un trastorno mental grave que afecta a alrededor de 21 millones de personas en todo el mundo. Además, en el mundo hay unos 50 millones de personas que padecen demencia.[2]

Otros estudios estadísticos[3] llegaron a la conclusión de que alrededor de mil millones de personas en el mundo viven con un trastorno mental. Se calcula que el 25% de las personas padecen uno o más trastornos mentales o del comportamiento a lo largo de su vida. Más de 300 millones de personas en el mundo viven con depresión, un problema de salud mental que ha aumentado un 18,4% entre 2005 y 2015. Algunos analistas afirman que los problemas de salud mental serán la principal causa de discapacidad en el mundo en 2030.

Sumado a esto, tenemos que contar los efectos de la pandemia de COVID-19 que comenzó a fines de 2019. «Esperamos que el aumento de la carga en la salud mental pueda ser uno de los efectos más importantes de la COVID-19 a largo plazo», vaticinó Amy Tausch, autora principal de un documento de la OPS (Organización Panamericana de la Salud) en el que se destaca el efecto devastador de la

---

1. Carga global de enfermedad mental en 204 países. intramed.net - https://bit.ly/3bwWtHW

2. 2020: Un año desafiante para la salud mental. new.un.org - https://bit.ly/3I6hYLV

3. La salud mental en cifras. Confederación Salud Mental España - https://bit.ly/3bE8OKF

pandemia por COVID-19 en la salud mental y el bienestar de las poblaciones de las Américas.[4]

Como conclusión, la enfermedad mental a nivel mundial es muy frecuente y aumentará en forma alarmante con el transcurso de los años. Claramente, la salud mental es un tema actual, preocupante y que merece toda nuestra atención.

2. «La depresión no es una enfermedad. Es solo que la persona es pesada, sin gracia, aburrida y con falta de voluntad».

Esta afirmación es totalmente falsa. La depresión *es* una enfermedad y, de hecho, con el tratamiento adecuado puede ser resuelta. Para comprender mejor el tema debemos entender la depresión como una enfermedad psicobiosocial, lo cual significa que hay implicados factores psicológicos, biológicos y sociales. Por ejemplo, hay personas con mayor vulnerabilidad biológica a padecer depresión, ya que se estima que un tercio del riesgo es atribuible a la herencia genética y a desórdenes en el funcionamiento de neurotransmisores, y dos tercios a factores ambientales que impactan en la mente alterando su normal funcionamiento. Además, hay enfermedades que predisponen a la depresión, por ejemplo, las enfermedades cardiovasculares (como el infarto de miocardio), o las enfermedades endocrinológicas (como el hipotiroidismo).

Si le preguntáramos a cualquier persona, nos diría que uno de los síntomas más evidentes de la depresión es «la falta de voluntad», «el no tener ganas». Sin embargo, debemos comprender que en el contexto de la depresión, el «no tener ganas» no es un factor de la voluntad, no está asociado a la voluntad de la persona, a querer o no querer hacer algo, como si el enfermo pudiera decidirlo. Para tener ganas de algo y hacerlo, se necesita la voluntad, que es la intención de

---

4. La OPS destaca la crisis de salud mental poco reconocida a causa de la COVID-19 en las Américas. Organización Panamericana de la Salud - https://bit.ly/3nl90ku

actuar, de llevar algo a cabo. Pero la voluntad requiere de una energía que el depresivo no tiene. Esa energía debe surgir desde el interior, y no por el contexto externo. Así, el depresivo carece de la energía psíquica-emocional necesaria para poder «tener ganas».

En cierta reunión de liderazgo, en una iglesia de la ciudad de Buenos Aires, se evaluó la inasistencia a los cultos de muchos de sus miembros como «debida a la falta de fe y compromiso». El sentimiento de muchos hacia estos miembros era de enojo y frustración. Un comentario fue: «Deben estar muy cómodos mirando la reunión por YouTube». Lamentablemente, no podían reconocer que gran parte de los miembros de la iglesia estaban deprimidos, o pasando por una etapa de duelo, dado que a raíz del COVID-19 muchos familiares y hermanos de la congregación habían fallecido, además de que otros varios habían perdido su empleo.

3. «El suicidio no tiene nada que ver con la enfermedad mental. Los que se suicidan son unos cobardes y pierden la gracia de Dios».

El suicidio es el acto deliberado de quitarse la vida. Cada cuarenta segundos, alguien muere por suicidio en el mundo. Pero un dato importante y a veces desconocido es que el suicidio y los comportamientos suicidas generalmente ocurren en personas con uno o más de los siguientes factores: trastorno límite de la personalidad, depresión, consumo desmedido de drogas o alcohol, trastorno de estrés postraumático, esquizofrenia e historial de abuso sexual, físico o emocional.

Vemos así que las ideas suicidas son un síntoma que puede aparecer en el transcurso de distintas enfermedades mentales. El suicidio entonces no es un pecado, ya que nadie es culpable de padecer una enfermedad que puede llevar a la muerte, como cualquier otra enfermedad, aun al mejor de los cristianos. Nosotros creemos que Dios recibe en el cielo a todos los que aceptaron a Cristo como salvador más allá de sus enfermedades.

4- «Utilizar a la enfermedad mental como un insulto no es discriminar».

Esto no es verdad. Tristemente, es muy frecuente usar nombres de enfermedades mentales para tratarse entre amigos y conocidos cuando se describe alguna conducta de ellos. «Eres un loco, un delirante, un maníaco», o «Ese es un deprimido», son ejemplos de cómo se suele usar el nombre de las enfermedades mentales como adjetivo, o para describir a una persona de manera peyorativa.

Es aún peor cuando de manera insultante, se adjetiva a quien padece estas enfermedades. La estigmatización, tanto a nivel social como individual, no hace más que continuar el proceso de debilitamiento de la identidad y la acentuación de la vulnerabilidad del sujeto. La discriminación y la vergüenza que experimentan suele ser peor que la enfermedad misma.

Se debe tratar a las personas con enfermedad mental con respeto. También se debe evitar llamarse en un grupo de amigos o conocidos con esos calificativos como si fueran un sobrenombre. Es muy frecuente saludarse diciendo: «¡Cómo te va, loco!», pero al hacer esto, sin quererlo se banaliza el término. A nadie se le ocurriría decir: «¡Hola qué tal, ulceroso!», o «¡Cómo te va, infartado!». De la misma manera debemos ser cuidadosos con los términos de las enfermedades mentales, y respetuosos hacia quienes las padecen.

5- «Todo trastorno mental viene por consumir mucho alcohol o drogas».

En realidad, el consumo de drogas o alcohol raramente es la causa primaria de un trastorno mental. En algunos casos, incluso, puede ser al revés: los problemas mentales pueden llevar a las personas a consumir drogas y alcohol buscando calmar sus síntomas perturbadores. Por otra parte, la mayoría de las personas afectadas por una enfermedad mental se cuidan en el consumo de estas sustancias porque conocen los riesgos que tiene asociar el alcohol con la medicación psiquiátrica que toman, y por lo tanto no consumen sustancias nocivas (y aun así, padecen el trastorno). En otras palabras, no podemos de ninguna manera acusar a los enfermos mentales de que el origen de sus síntomas sea por consumir alcohol o drogas.

6. «Los niños no padecen enfermedades mentales».

Esto no es verdad. Los niños pequeños pueden mostrar señales de advertencia tempranas de una enfermedad mental incipiente. Estos problemas se pueden identificar clínicamente, y pueden ser producto de la interacción de factores biológicos, psicológicos y sociales.

Los trastornos mentales en los niños se describen como cambios serios en su forma habitual de aprender, de comportarse o de manejar sus emociones, o bien tener un comportamiento negativo, desafiante y hostil hacia la figura de autoridad o hacia aquella que le hace demandas específicas para cumplir ciertas normas y obligaciones. Algunos niños presentan temores, preocupaciones o comportamientos disruptivos, cambios de carácter, conductas alteradas e inadecuadas, o problemas de aprendizaje repentinos. Todo esto en sí no constituye una enfermedad mental, pero si estos síntomas son severos y persistentes e interfieren con las actividades cotidianas de la vida diaria (en la escuela, la casa, el juego y la relación con sus amigos) hay que estar atentos porque probablemente se esté configurando una enfermedad mental.

Hoy se reconoce que la depresión es una de las principales causas de enfermedad y discapacidad entre niños y adolescentes.[5] Las enfermedades mentales más frecuentes en niños y adolescentes son:

---

5. 2020: Un año desafiante para la salud mental. news.un.org - https://bit.ly/3l6hYLV

trastornos de aprendizaje, trastornos de ansiedad, trastorno por déficit de atención e hiperactividad, trastorno del espectro autista, trastornos alimentarios, depresión y otros trastornos del estado de ánimo, trastorno por estrés postraumático, esquizofrenia, desorden bipolar, trastorno obsesivo-compulsivo, y trastorno de oposición desafiante.

7. «Solo las personas de carácter débil tienen enfermedades mentales: con esfuerzo podrían mejorar».

Los problemas de salud mental no tienen nada que ver con ser perezoso o débil, y mucho menos implica que haya, en determinadas personas, una voluntad de enfermarse. Pensar que la persona no está haciendo lo suficiente para mejorar su estado de salud es cargarlo con la responsabilidad de su propia cura y atribuirle la culpa si no mejora. Quien debe hacer el esfuerzo es quien lo acompaña, quien está a su lado, alentando a que confíe y cumpla con el tratamiento psiquiátrico indicado, que permanezca en la fe y que, a pesar de la enfermedad, siga teniendo una actitud de confianza en Dios.

Hemos visto que en el contexto de la pandemia de COVID-19 muchos cristianos, ante el encierro, la pérdida de seres queridos y las pérdidas económicas, se deprimieron y dejaron de conectarse a las reuniones virtuales que organizaba la iglesia. Algunos hermanos comentaron injustamente lo «débiles» que eran, criticando su conducta. Una actitud más sana hubiera sido comprender cómo se estaban sintiendo esas personas, y llamarlas, escucharlas y orar con ellas.

8. «Los enfermos mentales son violentos e impredecibles».

Esto no es así. En realidad, la gran mayoría de las personas con problemas de salud mental no tienen más probabilidades de ser violentas que las demás. Vivimos en una sociedad violenta, y los incidentes violentos raramente están vinculados con este grupo, sino que son cometidos por la población general, por las personas llamadas «normales». La mayoría de las personas que padecen enfermedad mental no son violentas, y solo un escaso porcentaje de los actos violentos, según estadísticas policiales, pueden atribuirse a enfermos mentales graves. De hecho, las personas que padecen enfermedades mentales son más propensas a ser víctimas de delitos violentos, en comparación con la población general.

Es importante reflexionar sobre esto, ya que la prejuiciosa percepción social que se tiene del trastorno mental, relacionada con la ejecución de conductas violentas, es una de las causas que provocan una dificultad de integración en las personas que lo sufren.

9. «No hay esperanzas para las personas con problemas mentales. Nunca se recuperarán».

Esto es falso. Muchos artículos científicos avalan la posibilidad de una completa recuperación para las personas que presentan problemas de salud mental. La recuperación se refiere al proceso por el cual las personas pueden vivir, trabajar, aprender y participar por completo en sus comunidades. Se estima que más del 80% de los enfermos esquizofrénicos pueden evitar las recaídas al cabo de un año de tratamiento con medicamentos antipsicóticos y medidas de intervención en la familia, y que el 60% de las personas con depresión pueden recuperarse con la combinación apropiada de fármacos antidepresivos y psicoterapia.

Hoy en día hay más tratamientos, servicios y sistemas de apoyo comunitario que antes, y son sumamente eficaces.

10. «La terapia psicológica es una pérdida de tiempo. ¿Para qué ir al psicólogo cuando se puede tomar una pastilla?»

Esto es un prejuicio bastante común, pero de todas maneras es una afirmación falsa. El tratamiento para los problemas de salud mental varía según la persona y puede incluir medicamentos, terapia o ambos.

La psicoterapia es un tratamiento donde el paciente se siente escuchado, visto, aceptado, no juzgado, y confía en el trabajo del terapeuta involucrándose activamente en el tratamiento. El poder hablar sobre lo que le está pasando, y el repensar las circunstancias difíciles de la vida y poder darles otro significado, ayudan a la resolución de muchos conflictos. Con un buen tratamiento, muchos se recuperan por completo.

No se trata de una cuestión de creencias. La psicología es una ciencia que estudia el comportamiento humano y los procesos mentales relacionados con el pensamiento, el aprendizaje y las emociones. La psicología pertenece a las Ciencias de la Salud y, en consecuencia, utiliza el método científico basado en la evidencia para llegar a la comprensión y el estudio del comportamiento humano y de los procesos psicológicos.

El proceso de psicoterapia se apoya en el uso de herramientas que favorecen la resolución de problemas y promueven una mejora en la calidad de vida y en el bienestar de las personas. Las herramientas que más se utilizan en psicoterapia se relacionan con el progreso de las habilidades comunicativas y sociales, la gestión de la ira, el estrés y la ansiedad, así como la reestructuración del pensamiento, aunque las herramientas seleccionadas en cada caso dependerán de la problemática específica y de sus características particulares. Además, a diferencia de lo que sucede con una pastilla, contribuye a la eficacia de la terapia el vínculo terapeuta-paciente. Es decir, una relación de confianza y sintonía en torno a objetivos y tareas compartidas.

II. «La enfermedad mental es la causa de un pecado cometido».

Esta afirmación no es cierta, dado que Jesús pagó en la cruz el castigo que merecían todos nuestros pecados. En la cruz Jesús exclamó

«Consumado es», por cuanto ya estaba concluida la obra de redención. Cristo había pagado el precio de nuestro pecado, y Dios nunca cobra dos veces. Dios nunca castiga a sus hijos enviándoles enfermedades. Pensar así es pensar en un Dios castigador y no en un Dios misericordioso, como enseña la Palabra. Es fácil, entonces, comprender a una persona que piensa esto, cuando se dice frente a su enfermedad: «Dios no me escucha, ¡se olvidó de mí!», pero ni la enfermedad ni la muerte de alguien son castigos de Dios.

Este prejuicio ya existía en la época de Jesús. Leemos en Juan 9:2-3: «*Y sus discípulos le preguntaron: 'Maestro, ¿este hombre nació ciego por culpa de su pecado o por el pecado de sus padres?'. Jesús les respondió: 'Ni por el pecado de él ni por el de sus padres, sino para que todos vean lo que Dios hace en la vida de él'*». Jesús dejó muy en claro que Dios no está castigando con el sufrimiento de una enfermedad algún pecado cometido. ¡Saber que Dios no es causante de la enfermedad es un gran consuelo para los que sufren enfermedades mentales y sus familias! Él realmente lo que quiere es secar las lágrimas de los ojos y vencer a la muerte, la tristeza, el llanto y el dolor (Apocalipsis 21:3-5).

La enfermedad mental no es consecuencia del pecado.

Recuerdo el caso (habla Daniel) de una paciente que vino a mi consultorio cargada de culpa porque tenía un hijo esquizofrénico. Al trabajar en psicoterapia el tema del sentimiento de culpa, ella dijo llorando: «Mi hijo está así por mi culpa, porque no cumplí los mandamientos».

Debemos tener en claro que la enfermedad mental no es consecuencia del pecado. La Biblia nos dice que todo ser humano comete pecado: «*Y no hay en toda la tierra un ser humano que sea siempre bueno y no peque jamás*» (Eclesiastés 7:20), «*...Nadie es bueno, nadie en* *absoluto*» (Romanos 3:10), «*Es así porque todos hemos pecado y no tenemos derecho a gozar de la gloria de Dios*» (Romanos 3.23).

El pecado es pecado, y su solución está en la obra redentora de Cristo en la cruz.

12. «Un cristiano no puede padecer un trastorno mental porque tiene el Espíritu Santo».

Todo el mundo acepta que un cristiano que tiene el Espíritu Santo pueda enfermar de miopía, resfriado, artrosis, o quizás incluso de alguna enfermedad física grave, pero de una enfermedad mental… suele ser difícil de aceptar.

Aquí lo importante es comprender que la enfermedad mental, como cualquier otra enfermedad, es parte de la naturaleza caída. Es muy simple pensar que si el Espíritu Santo vive dentro de una persona, nada malo debería sucederle, y mucho menos debería padecer una enfermedad mental invalidante. Sin embargo, el Espíritu Santo no fue enviado a nosotros para ser una vacuna contra las enfermedades, sino para convencer al mundo de pecado. En Juan 16:8 leemos «*Y cuando él venga, convencerá al mundo de su error en cuanto al pecado, a la justicia y al juicio*». También fue enviado a los cristianos para enseñarles y recordarles las enseñanzas de Jesús («*... el Consolador, el Espíritu Santo, vendrá en mi nombre porque el Padre lo enviará. Él les enseñará todas las cosas y les recordará todo lo que les he dicho*», Juan 14:26), y para brindarles compañía y consuelo («*Y yo le pediré al Padre y él les enviará otro Consolador para que siempre esté con ustedes*», Juan 14:16).

¿Cuál es la diferencia, entonces? El cristiano seguirá teniendo enfermedades, tanto físicas como mentales. La diferencia es que no las enfrentará solo, sino acompañado por el Espíritu Santo y siendo consolado por Él.

13. «Toda enfermedad mental es producto de la opresión satánica».

La mayoría de las enfermedades mentales están dadas por alteraciones en el funcionamiento cerebral y, como ya dijimos, muchas son el resultado de una combinación de factores genéticos, biológicos y ambientales. Sin embargo, en muchas iglesias se asocia automáticamente la enfermedad mental con causas puramente espirituales, en especial algunas enfermedades que producen determinados síntomas. Por ejemplo, una de las enfermedades de origen neurológico que suele prestarse a confusión con una opresión satánica es la epilepsia (en el capítulo de enfermedades mentales describiremos esta enfermedad).

Por supuesto que reconocemos que hay padecimientos que son causados por demonios, y sabemos que el Señor mismo mandó echar fuera demonios. En Marcos 16:17 leemos: «*Y estas señales acompañarán a los que crean: en mi nombre expulsarán demonios…*».

El resultado del accionar de los demonios en una persona es debilitar y destruir su vida, desintegrándola y alienándola de Dios y de los demás. Es posible detectar si la persona tiene una posesión demoníaca:

> por discernimiento espiritual.

> por conocer detalles de la historia del individuo, tales como si ha estado involucrado en ocultismo (él o sus familiares).

> por las manifestaciones. Estas manifestaciones suelen ser: la persona no soporta la alabanza a Jesús, tiene movimientos corporales violentos e indiscriminados, tiene movimientos serpenteantes del cuerpo y chiflidos, habla con múltiples voces, blasfema, demuestra una fuerza física extraordinaria, y tiene repulsión por las cosas sagradas o por la invocación del nombre de Jesús.

Sin embargo, debemos tener cuidado de no diagnosticar la presencia de un demonio cuando no hay ninguno, o comenzar a batallar contra un espíritu cuando solo es una enfermedad humana. Conocemos muchos casos de enfermos mentales en los cuales, por «querer liberarlos», terminaron provocándoles una descompensación de su cuadro, y algunos llegaron incluso a necesitar una internación psiquiátrica.

Cuando una persona está enferma, lo que corresponde, si tú quieres ministrarle, es orar por sanidad.

Recuerda que Jesús liberó a endemoniados y también sanó enfermos. ¡Los enfermos mentales son enfermos!

Algunas conclusiones importantes

Como primera conclusión, vemos que estos prejuicios son muy frecuentes, y deberían ser superados, porque las consecuencias son muy negativas. En muchas iglesias es aceptable tener una enfermedad cardíaca, digestiva o tiroidea pero... ¿qué se piensa de una persona que padece una enfermedad mental? Si un pastor o líder se halla emocionalmente enfermo o necesitado de ayuda en esta área, ¿puede contarlo abiertamente, o tiende a ocultarlo? ¿Hay temor o prejuicios contra la psiquiatría o la psicología? ¿Puede un cristiano expresar en la iglesia que va a un psiquiatra sin ser cuestionado, o por lo menos sin que sea puesta en duda su fe? ¿Puede una familia pastoral tener un hijo esquizofrénico, puede la esposa sufrir fobias o el pastor atravesar una depresión y contarlo a su congregación o a un grupo pastoral sin ser juzgados negativamente?

¿Haber estado preso o haber estafado puede llegar a ser menos vergonzante que relatar tener una enfermedad psiquiátrica? ¿Puede haber incomprensión y falta de empatía hacia los cristianos que sufren trastornos mentales? ¿Se los señala o se los mira distinto que a quienes padecen una enfermedad física?

¿Cómo se sentirán los creyentes que, además de sufrir un trastorno mental, deben soportar el cuestionamiento crítico de sus hermanos en Cristo? ¿Podemos agregarles a los sufrimientos propios de la enfermedad mental el sufrimiento que produce el rechazo de un entorno que no los comprende?

En la mayoría de los casos, la falta de comprensión tiene que ver con la ignorancia, con una visión sesgada de la enfermedad mental, con los prejuicios o con la interpretación errónea de algunos de los pasajes bíblicos.

Lamentablemente, hemos sido testigos de muchos consejos erróneos de pastores o líderes hacia algunos de nuestros pacientes que estaban medicados por una enfermedad psiquiátrica. Ellos tenían una buena respuesta a esa medicación, con sus síntomas controlados, y recibieron frases como estas: «Deja esos medicamentos que Dios te va a curar», «Deja de depender de la medicación y depende de Dios», o «Lo que tienes que hacer es orar, leer la Biblia y tener más fe, y ya vas a ver que se pasa todo». ¡Y son terribles las consecuencias que estos consejos acarrean! ¿Les dirían estas mismas frases a personas que están tomando antibióticos para una infección, levotiroxina para un hipotiroidismo, analgésicos para el dolor, o haciendo quimioterapia para el cáncer?

> **Debemos desarrollar comunidades de fe que favorezcan la salud en todas sus dimensiones.**

Otro gran problema es que en muchas iglesias ni siquiera se habla de este tema, como si no existiera. Pero si un pastor tiene una congregación con doscientos miembros, basándonos en estadísticas serias, sabemos que probablemente tendrá entre ellos por lo menos veinte personas que estén padeciendo algún tipo de trastorno mental, como trastornos de ansiedad, trastornos depresivos, psicosis o trastornos bipolares ¿Cómo ayudarlos si ignoramos o negamos esta realidad?

Gracias a Dios se ha avanzado bastante en comprender cómo funciona y cómo se enferma nuestro cerebro, al igual que otros órganos de nuestro cuerpo. También se ha avanzado bastante en el desarrollo de fármacos que logran morigerar los síntomas de las enfermedades mentales, y aun frenarlos totalmente (muchos de estos avances son recientes; algunos medicamentos que son muy efectivos para los síntomas psicóticos fueron descubiertos poco después del descubrimiento de la penicilina, ayudando a cientos de miles de personas que padecen esta enfermedad).

Lo que nosotros debemos hacer es aceptar que la enfermedad mental puede aparecer en cualquier persona, tenga o no a Cristo como su salvador. No debemos juzgar ni culpar a las personas con enfermedades mentales. Debemos, en cambio, desarrollar comunidades de fe que favorezcan la salud en todas sus dimensiones.

Un caso real: el perjuicio de un prejuicio

Como médico psiquiatra (habla Daniel) asistí a un joven cristiano de 26 años que padecía una esquizofrenia. Cuando lo vi por primera vez en mi consultorio, él ya había tenido dos internaciones psiquiátricas por descompensaciones de su cuadro. Su padre había fallecido y él convivía con su madre, también cristiana, y su hermano menor. Comencé un tratamiento, compensado con una medicación indicada. Al año comenzó a noviar con una joven, a la que llamaremos María, hija del pastor de una pequeña iglesia del gran Buenos Aires (Argentina).

La joven estaba interesada en saber por qué su novio, al que llamaremos Carlos, estaba en tratamiento psiquiátrico. Al mismo tiempo que fijó fecha de casamiento, solicitó una entrevista conmigo. Carlos estuvo de acuerdo en que yo le compartiera a su novia la enfermedad que padecía.

En la entrevista, María quedó asombrada cuando yo le expliqué que la enfermedad de su novio, desde el punto de vista médico, era una enfermedad a largo plazo que podría no tener cura. Además, Carlos podía presentar descompensaciones de su cuadro, y debía estar medicado permanentemente. Siguiendo estas pautas podría tener una buena calidad de vida, pero no debía abandonar el tratamiento psiquiátrico, y el control de su medicación debía ser periódico. Ella rechazó esta afirmación y dijo textualmente: «Doctor, mi padre es pastor y ya oró por él. Carlos está curado y, porque se lo declaró sano, no necesita más medicación ni tratamiento».

Carlos suspendió el tratamiento, se casó y al poco tiempo María quedó embarazada. Durante el embarazo, Carlos se descompensó y tuvo un cuadro delirante y alucinatorio. María y su padre no entendían qué pasaba, y a los pocos meses, antes de que naciera su hija, María se separó de Carlos.

Los prejuicios y la negación de la enfermedad mental solo agravan el sufrimiento de los que ya padecen esos cuadros.

La madre de Carlos volvió a traer a su hijo a la consulta y él retomó la medicación, pudiendo controlarse el cuadro nuevamente. A la fecha, la hija de ambos tiene 7 años, ellos están separados, y Carlos ve a su hija una vez por semana. Él continúa con su tratamiento psiquiátrico, su enfermedad mental se encuentra controlada, y tiene buena calidad de vida. Está integrado a una iglesia cristiana local y es un fiel cristiano. Ora, lee su Biblia, y sigue pidiendo a Dios que lo cure de su enfermedad.

Este ejemplo revela que los prejuicios y la negación de la enfermedad mental solo agravan el sufrimiento de los que ya padecen esos cuadros.

La enfermedad del cerebro merece ser considerada y atendida del mismo modo que las enfermedades de otros órganos del cuerpo humano. Es un error asociarla siempre con el área espiritual, suponiendo que se trata de una consecuencia del pecado o de un ataque satánico. Las enfermedades del cerebro son enfermedades del cuerpo como todas las demás y necesitan ser diagnosticadas y tratadas por la medicina.

Capítulo 3

El recurso de la fe en la enfermedad mental

En Hebreos 11:1 leemos: *«La fe es la seguridad de recibir lo que se espera, es estar convencido de lo que no se ve»*. Y así es: en la fe están involucradas la seguridad y la convicción de lo que no vemos.

El razonamiento humano y lo que percibimos a través de los sentidos tiene mucha influencia en nuestra vida cotidiana, pero no tiene nada que ver con la fe. El entorno y las experiencias difíciles impactan en nuestra vida; observamos esa realidad, la analizamos y tratamos de sacar nuestras conclusiones, las que consideramos son todas verdades. La fe no funciona así.

Por alguna razón, las personas necesitan depositar su fe en algo cuando aparece una enfermedad. Vemos que infinidad de amuletos, estampas, frases y creencias se utilizan como sostén. Pero leemos en Ezequiel 13:18 la siguiente advertencia: *«Comunícales que el Señor Dios les dice: '¡Ay de estas mujeres que están engañando a mi pueblo, tanto a jóvenes como ancianos, al atar amuletos mágicos a sus muñecas y proporcionarles velos mágicos y venderles salvaguardas! Rehúsan aun ofrecer ayuda si no sacan provecho de ello. Ustedes creen vender protección a mi pueblo, pero ni ustedes se podrán proteger a sí mismas de mi castigo'».*

Es común que el perder la salud, y más aún la salud mental, movilice a la persona y a su familia a buscar, en algo, ayuda y sostén. Sin embargo, lo que verdaderamente puede sostener en medio de la enfermedad no es algo que podamos tocar o ver. Es el Espíritu Santo y las promesas que encontramos en la Palabra de Dios.

Tener fe es delegar toda verdad en Dios. Delegar es dar a Dios la función, la autoridad y el poder para que declare la verdad en nuestro lugar, más allá de nuestro deseo y razonamiento. Por ello decimos que toda verdad es verdad de Dios.

En Juan 18:37-38 leemos una conversación muy interesante:

> *«Pilato le dijo:*
> *—Entonces eres rey.*
> *Jesús le respondió:*
> *—Tú eres el que dices que soy rey. Yo para esto nací y vine al mundo: para hablar de la verdad. Todo el que está de parte de la verdad, me escucha.*
> *Pilato preguntó:*
> *—¿Y qué es la verdad?...».*

Como sabemos, en Juan 14:6 Jesús ya había respondido esta pregunta diciendo: *«Yo soy el camino, la verdad y la vida. Nadie puede llegar al Padre si no es por mí».*

Por eso debemos tener siempre presente, a través de la fe, que la verdad de Dios va más allá de los sentidos y la razón, aun si estos están en conflicto. La fe nos lleva a creer en toda la verdad de la Palabra de Dios, ¡y no solamente a creer sino también a amarla!

Tener fe es creer que todas las promesas de Dios son verdaderas. Y vivir en la verdad de la Palabra de Dios trae seguridad total a nuestras vidas.

Vivir en la verdad de la Palabra de Dios trae seguridad total a nuestras vidas.

Dice en Proverbios 3.5-6: «*Confía en el Señor con todo tu corazón, y no confíes en tu propia inteligencia. Busca la voluntad del Señor en todo lo que hagas, y él dirigirá tus caminos*».

Pablo nos alerta también sobre el hecho de que, en los cristianos, la fe puede ser engañada. Leemos en 2 Corintios 11:3-4: «*Pero temo que de alguna manera, engañados, se aparten de la pura y sincera devoción a Cristo, como se apartó Eva cuando la serpiente la engañó. Ustedes son fáciles de engañar...*»

Los cristianos podemos distraernos en ocasiones mirando a nuestro alrededor, o enfocarnos en las difíciles circunstancias que estemos atravesando y sacar conclusiones de lo que vemos. Eso fue lo que les pasó a los discípulos que iban con Jesús en la barca cruzando el mar de Galilea. Nosotros conocemos hoy el final de la historia. Al llegar a la región de los gadarenos, había un hombre que necesitaba que Él estuviese en ese lugar. Todo lo que hace Dios tiene propósito. Jesús lo sabía bien. Los discípulos no lo sabían, pero Jesús iba con una misión. El hombre fue liberado, y cuando quiso seguirle Jesús no lo dejó, sino que le dijo que se quedara en Decápolis. Allí el hombre dio testimonio de su fe y hubo a partir de su mensaje diez iglesias levantadas. ¡Ese barco iba en la dirección correcta, en la dirección de la voluntad de Dios, con un propósito y con las personas indicadas!

Sin embargo, en medio de la travesía se levantó una gran tormenta. Ellos eran pescadores experimentados y conocían las tormentas, pero evidentemente esta era una tormenta diferente a las otras. Los discípulos tuvieron miedo de hundirse. No podían manejar la barca. Vemos que el Señor puso a prueba su fe en el ámbito de su vida cotidiana, en lo que ellos sabían hacer. ¿Por qué? Porque Jesús quería enseñarles una lección práctica. Pero Él no iba a permitir que pasaran por una situación más difícil que la que pudieran resistir (no lo olvides; hoy también, cuando vienen las tormentas a nuestras vidas, es probable que Él quiera enseñarnos una lección práctica. Nosotros no conocemos nuestros límites, pero Dios sí sabe hasta dónde nos puede llevar con esa tormenta, y cuánto tiempo quiere que pasemos por ella).

Pero volvamos al relato bíblico. Jesús estaba durmiendo. Era un gran lago, un pequeño mar. El mar de Galilea tiene unos 8 a 12 kilómetros de largo, unos 21 kilómetros de ancho y unos 48 metros de profundidad. En la desesperación, y temiendo la muerte, los discípulos fueron hasta donde estaba Jesús durmiendo y, a los gritos, lo despertaron pidiendo ayuda: ¡Maestro! ¿No te importa que nos ahoguemos? ¡¿Cómo puedes seguir durmiendo en esta situación?! Como vemos claramente en este pasaje, la reacción normal del cristiano ante una tormenta o un problema inesperado suele ser la sorpresa, el desconcierto, el miedo y el pedirle ayuda al Señor (e incluso confrontarlo si se lo siente indiferente).

Pedro, que vivió esta experiencia en la barca, aprendió la lección, y por eso años más tarde, en una de sus cartas, escribió: «*Depositen en él toda ansiedad, porque él cuida de ustedes*» (1 Pedro 5:7, NVI).

El temor que sintieron los discípulos frente al peligro de muerte era natural e incluso instintivo. Sin embargo, Jesús les preguntó: «*…¿por qué tienen tanto miedo?*» (Mateo 8:26, NVI). O, dicho en otras palabras, ¿dónde está su fe? ¿Cómo es que no tienen fe? ¿Acaso no creen que yo puedo calmar esta tormenta?

Nosotros, al igual que los discípulos, también nos dejamos llevar por las emociones y razonamientos naturales. Es por eso que necesitamos aprender a vivir por la fe. Muchas veces, cuando estamos en medio de la tormenta, no tenemos la capacidad de pensar claramente. Por eso es importante prepararnos de antemano para cuando vengan las tormentas, conociendo las promesas de su Palabra.

Después de que Jesús calmó el mar, ellos se hicieron una pregunta: «*Pasmados, los discípulos se decían: ¿Quién es este, que aun los vientos y la mar lo obedecen?*'» (Mateo 8:27). ¿Qué imagen tienes de tu vida ahora mismo, en este momento? ¿Estás sacando agua de tu barca y gritando «¡Me hundo, me hundo!»? ¿O estás pensando, sintiendo y declarando que, si Jesús está en la barca contigo, entonces puedes tener paz? Él es soberano, y sabe por lo que estás pasando. Los por qué y para qué mejor déjalos de lado, porque son preguntas que en este momento probablemente no tengan respuesta. La tormenta no es el tiempo de responder preguntas; es el tiempo de poner toda tu confianza en Él y decir: «¡Gloria a Dios porque Él está en mi barca!».

No hay un mundo ideal debajo del sol. Mientras estemos vivos, habrá tormentas. Pero en esos momentos podremos sostenernos en la fe.

Para eso es necesario escuchar lo que Dios dice a través de su Palabra. ¡Dios ha hablado y aún habla! Debemos dejar de escuchar los pensamientos y los razonamientos lógicos acerca de las circunstancias que estamos viviendo, y aprender a escuchar por la fe la voz de Dios hablando a nuestro espíritu. Dios creó todas las cosas por el poder de su palabra, y nosotros somos el pueblo de la Palabra. Por eso es importante tener buenos oídos para escuchar a Dios. La frase más frecuente en el Antiguo Testamento es «*Así dice el Señor*» o «*La palabra del Señor vino a mí diciendo...*». Y la primera lección que Samuel aprendió fue «*...Habla, Señor, que tu siervo escucha*» (1 Samuel 3:10).

La fe es la convicción de lo que no se ve. La vista no es una brújula para nuestra vida. Sí lo son los ojos de la fe puestos en todas las promesas que encontramos en su Palabra. ¡La palabra del Señor es para recibirla y para creerla! Por eso, la fe cristiana, aquella que puede sostenernos en medio del dolor y la enfermedad, no es la que se basa en las circunstancias, en lo que vemos o en lo que razonamos con la mente natural, sino aquella que se fundamenta en lo que Dios ha hablado a través de su Palabra. ¡Debemos confiar en la revelación de Dios cuando nuestros pensamientos son contradictorios con la Biblia! Nuestras convicciones deben venir de nuestro corazón, y no de nuestra mente natural. Frente a las situaciones más difíciles que podamos pasar en la vida, tenemos al Espíritu Santo, que nos ayudará a que lo que pensemos acerca de lo que nos pasa sea el pensamiento de Cristo.

En 1 Corintios 2:13 (DHH) dice: «*Hablamos de estas cosas con palabras que el Espíritu de Dios nos ha enseñado, y no con palabras que hayamos aprendido por nuestra propia sabiduría. Así explicamos las cosas espirituales con términos espirituales*». La fe es ver las cosas con la mente de Cristo y pensar la realidad desde esa perspectiva.

Volviendo al tema de este libro, como cristianos, y basándonos en la Palabra de Dios, sabemos que la fe depositada en el Dios que es amor, fiel y todopoderoso es un factor de ayuda, sostén y fortaleza en tiempos de enfermedad. La fe da fuerzas. Por eso es un factor de resistencia, de resiliencia y de restitución para los que sufren. Cuando se tiene fe, se sortean con mayor resiliencia las enfermedades mentales.

El camino de la fe va de la incertidumbre a la certeza, de la desesperanza a la esperanza, y tiene una meta definitiva, que nos encontremos con Cristo, donde la fe ya no será necesaria. Mientras tanto, la necesitamos a lo largo de toda la vida y en todas las circunstancias. En los momentos buenos y en los difíciles, en la salud y en la enfermedad.

A continuación, detallaremos el sostén que provee la fe en los momentos difíciles de la enfermedad mental:

La fe en el Dios de amor, fiel y todopoderoso, es ayuda, sostén y fortaleza frente al temor.

El temor está presente en muchas enfermedades mentales, no solo en las personas que las padecen sino también en sus familias. Se presenta en los trastornos de pánico, en las fobias, las crisis agudas de ansiedad, en las personas que sufren alucinaciones auditivas y visuales, y en los trastornos obsesivos, cuando la persona no puede cumplir con sus rituales y teme que algo malo pase.

En numerosas oportunidades Jesús les dijo a sus discípulos «No teman». Él sabía que el temor es una emoción negativa muy frecuente, que se originó en el Jardín del Edén cuando Adán y Eva desobedecieron y luego se escondieron de Dios. En la Biblia encontramos referencias a «no temer» en más de trescientas sesenta oportunidades.

> **La fe ayuda a resistir los miedos y el temor, aferrándose a la fidelidad de Dios y a sus promesas.**

¿En qué sentido es la fe una herramienta útil para hacer frente a esta emoción tan perjudicial? Es sencillo. La fe ayuda a resistir los miedos y el temor, aferrándose a la fidelidad de Dios y a sus promesas.

El Salmo 46:1 dice: «*Dios es nuestro amparo y nuestra fuerza, nuestra pronta ayuda en tiempos de tribulación*», y en Deuteronomio 31:8 leemos: «*No tengas miedo porque el Señor irá delante de ti y estará contigo. Él no te desamparará. No temas ni te desanimes*». El recordar que Dios el Señor es grande y poderoso, ayuda a vencer el miedo.

Vemos también que en determinado momento el salmista se pregunta si realmente es correcto tener miedo si confiamos en Dios: «*Confío en Dios ¿por qué temeré?...*», (Salmos 56:11). Esta misma pregunta la hizo Jesús a sus discípulos cuando estaban muy asustados en la barca en medio de la tormenta. Él los hizo reflexionar al preguntarles: «*Hombres de poca fe, ¿a qué viene tanto miedo?...*» (Mateo 8.26)

Confiar es estar apoyados en Dios aunque todo tambalee. «*Pero cuando tenga miedo, pondré mi confianza en ti*» (Salmos 56:3).

La fe en Dios y la confianza en sus promesas nos libran del temor en medio de la enfermedad.

La fe en el Dios de amor, fiel y todopoderoso, es recurso contra el estrés del enfermo y sus familiares.

El estrés es una reacción mental y física que surge cuando una situación supera nuestra capacidad de sobrellevarla. Se trata de mecanismos fisiológicos y psíquicos que se encienden cuando se pierde el control sobre el entorno, cuando no se puede o no se sabe cómo afrontar un problema. Esto ocurre muy frecuentemente en las familias cuando uno de sus integrantes comienza a manifestar una enfermedad mental. Es una situación nueva para todos, y resulta difícil comprender qué pasa, cómo va a evolucionar, si se curará o no, y cómo tratar a quien está padeciendo. La enfermedad mental de un familiar moviliza e impacta fuerte en la vida, la mente y las emociones de todos los que lo rodean, generando mucho estrés. Sin embargo, por la fe, el enfermo y su familia pueden buscar refugio en Dios, confiando en que Dios nunca los va a poner en una situación que no puedan resistir.

La ansiedad es una de las reacciones principales al estrés, pero debemos recordar en todo momento el consejo del apóstol Pedro: «*echando toda vuestra ansiedad sobre él, porque él tiene cuidado de vosotros*» (1 Pedro 5.7, RVR1960).

La fe en el Dios de amor, fiel y todopoderoso, amortigua los sentimientos de tristeza.

Todos sabemos cómo se siente estar tristes. Pero tener un sentimiento constante de tristeza es realmente abrumador.

En Proverbios 15:30 leemos: *«La mirada que anima trae alegría al corazón, y las buenas noticias dan nuevas fuerzas»*. ¡Hay muy buenas noticias que podemos darles a los enfermos que se encuentran sumidos en la tristeza! Cuando te toque estar frente a uno de ellos, ¡míralo con un rostro animado, porque siempre serás portador de esperanza y buenas noticias para él de parte de un Dios que le ama!

La tristeza y la desesperanza se superan con la fe puesta en un Dios que es amor y todopoderoso. Los enfermos recibirán nuevas fuerzas cuando tú les cuentes acerca del amor y el cuidado que Dios tiene sobre su vida.

La tristeza y la desesperanza quitan las fuerzas, roban la energía, pero la fe llena de esperanza levanta el ánimo, renueva las fuerzas, da nuevo entusiasmo, y abre la mente para ver nuevas opciones y alternativas para sobrellevar o enfrentar la enfermedad.

Leemos en Romanos 12:12: *«Regocíjense en la esperanza, tengan paciencia si sufren y nunca dejen de orar»*. ¡La esperanza en el Señor da gozo y quita la tristeza! El Salmo 94:19 dice: *«Señor, cuando en mí la angustia iba en aumento, tu consuelo llenaba mi alma de alegría»*. El Señor no solamente consuela con el alivio de la pena, sino también con el gozo de su presencia.

Otro versículo precioso para compartir con quien está sufriendo es Isaías 61:10: *«Dice el profeta: ¡Dejen que les cuente la felicidad que Dios me ha dado! Me ha cubierto con vestiduras de salvación y me ha puesto un manto de justicia. Soy como un novio vestido para celebrar la boda o como una novia enjoyada para el desposorio»*. Cuando tú le recuerdas a un enfermo que Dios, al salvarlo y justificarlo con la sangre preciosa de Cristo, lo viste para una fiesta, ¡probablemente el rostro de esa persona insinuará una sonrisa!

La fe en el Dios de amor, fiel y todopoderoso, ayuda a evitar el desánimo y el desaliento.

El desaliento es la falta de ganas o energía para continuar haciendo algo. Sostener una enfermedad mental por un tiempo prolongado puede desalentar a muchos, e incluso llevarlos a la falta de ganas de seguir viviendo, porque desfallecen las fuerzas... Pero dice el Salmo 34:17-19: «*Sí, el Señor escucha al bueno cuando le pide ayuda, y lo libra de todas sus tribulaciones. El Señor está cerca de los que tienen el corazón quebrantado; libra a los de espíritu abatido. El bueno no está libre de tribulación; también tiene sus problemas pero en todos ellos lo auxilia el Señor*».

Sin embargo, en Proverbios 18:14 leemos: «*El ánimo del hombre puede sostener al enfermo, ¿pero quién puede levantar al abatido?*». El abatimiento, el desaliento, el desánimo, la desesperanza, el agotamiento, la postración, son muy difíciles de sostener y de manejar. Si nos encontramos con un enfermo mental que además está abatido, la principal herramienta que tenemos a nuestro alcance para poder ayudarlo es la fe en Dios. El Salmo 42:11 dice: «*¿Por qué voy a desarmarme y estar tan triste? Volveré y lo alabaré. ¡Es mi Dios y mi Salvador!*».

La persona que tiene fe supera el desánimo y el desaliento porque por medio de la fe tiene la esperanza puesta en Dios, en su amor y su poder. Las emociones quebrantadas son vendadas por el médico divino y amado. Como dice el Salmo 147:3: «*Él sana a los quebrantados de corazón y les venda las heridas*». Si el enfermo o su familia se sienten quebrantados emocionalmente, o si sienten que la situación es demasiado pesada, en Su presencia pueden encontrar descanso, ánimo y aliento.

La fe en el Dios de amor, fiel y todopoderoso, es ayuda, sostén y fortaleza frente al sentimiento de soledad.

El enfermo mental tiene una tendencia a aislarse. Muchos no salen de sus casas, y otros no salen de su dormitorio porque no tienen deseos de comunicarse con nadie. Se sienten incomprendidos por los que lo rodean, y buscan la seguridad de su habitación para evitar un entorno que les es hostil. Muchos de ellos no tienen capacidad para poder enfrentar las relaciones interpersonales, y esto hace que se sientan solos. Para estos casos también hay preciosas promesas en la Palabra de Dios:

«No tengas miedo porque el Señor irá delante de ti y estará contigo. Él no te desamparará. No temas ni te desanimes» (Deuteronomio 31:8).

«...yo estaré contigo [...] no te abandonaré, ni dejaré de ayudarte» (Josué 1:5).

«No temas, pues yo estoy contigo, no te desanimes. Yo soy tu Dios, yo te fortaleceré, yo te ayudaré, yo te sostendré con mi triunfante mano diestra» (Isaías 41:10).

«...Estaré con ustedes siempre, hasta el fin del mundo» (Mateo 28:20).

¡Estas promesas nos dicen que Él está todos los días con cada uno de sus hijos, que nunca nos falla ni abandona, que va delante mostrando el camino, y que va a nuestro lado tomándonos de la mano!

La fe en el Dios de amor, fiel y todopoderoso, brinda fortaleza en el dolor emocional.

El dolor emocional es una herida psíquica que nadie ve, pero que provoca un gran sufrimiento interno. Es usual que el enfermo mental se sienta débil y vulnerable por sus limitaciones, pero al tener depositada su fe en Cristo se fortalece, y hace realidad en su vida las palabras del apóstol Pablo cuando dijo: *«Todo lo puedo en Cristo que me da fortaleza»* (Filipenses 4:13). ¡La fe le fortalece!

Muchas veces quien padece una enfermedad mental sufre un derrumbe emocional que lo debilita en todo aspecto. En esos momentos, el tener fe le puede brindar refugio frente a su caos emocional. El Salmo 9:9 dice: «*Todos los oprimidos pueden acudir a él. Él es refugio para ellos en tiempos de tribulación*».

Cuando un enfermo lleva sus síntomas por mucho tiempo siente que sus fuerzas para seguir adelante se acaban. Se siente débil, en una situación de gran fragilidad y dolor emocional. Pero al renovar su fe en Cristo, puede reconocer que el poder de Dios actúa en medio del dolor y la fragilidad humana: «... 'Debe bastarte mi amor. Mi poder se manifiesta más cuando la gente es débil...'» (2 Corintios 12:9).

El poder de Dios obra en medio del dolor, muchas veces no para sacarlo, sino para sobrellevarlo con la fe puesta en el poder divino.

Hay una relación estrecha entre la enfermedad y la fortaleza de la fe. En Santiago 1:3 dice: «*pues ya saben que cuando su fe sea puesta a prueba, producirá en ustedes firmeza*». La fe sostiene al enfermo en medio del dolor emocional, lo ayuda a continuar firme, con la mirada puesta solo en Dios. Así, siente que Dios lo fortalece, lo ayuda y lo sostiene de su mano de una manera casi inexplicable. Como leemos en Isaías 41:10: «*No temas, pues yo estoy contigo, no te desanimes. Yo soy tu Dios, yo te fortaleceré, yo te ayudaré, yo te sostendré con mi triunfante mano diestra*». El poder de Dios obra en medio del dolor, muchas veces no para sacarlo, sino para sobrellevarlo con la fe puesta en el poder divino. ¡El Señor renueva las fuerzas y la esperanza para continuar día a día!

La fe en el Dios de amor, fiel y todopoderoso, le ayuda al enfermo a comprender que su valor como persona sigue intacto.

Entendemos a la autoestima como la valoración que una persona tiene de sí misma. Lamentablemente, existe una fuerte relación entre las enfermedades mentales y la baja autoestima. No hay nada que destruya más a una persona con trastorno mental que el creer que es de poco valor. ¡Debemos ayudarlos a comprender que ninguna persona es de poco valor para Dios! Cada uno tiene valor y dignidad para Él. Y Dios, con su amor incondicional, siempre dignifica a las personas.

Toda persona, aunque padezca una enfermedad mental, lleva el sello de la creación de Dios, y Dios dice que todo lo que hizo fue bueno en gran manera. A través de la fe, el enfermo puede reconocer que, a pesar de su enfermedad, Dios lo hizo a su imagen y semejanza como a todos los demás. Cuando una persona reconoce que su identidad está en Cristo, esto tiene mucho más peso que la enfermedad que padece. La enfermedad es solo una prueba que debe sobrellevar, y que Dios puede incluso transformar en bendición.

Es posible para el enfermo mental vencer el rechazo y el desprecio de otros, y aun el autodesprecio, cuando está seguro del valor que tiene para Dios, y del amor y la aceptación de su Padre Celestial.

La fe en el Dios de amor, fiel y todopoderoso, le ayuda al enfermo a derribar pensamientos alterados.

Los pensamientos alterados son negativos, destructivos o paralizantes, y pueden llegar a condicionar la vida del enfermo. Ejemplos de esta clase de pensamientos son: «Es mi culpa», «Dios me abandonó», «Soy un miserable», «No hay salida para mí», etc.

De hecho, uno de los frentes de batalla de los enfermos mentales son los pensamientos. Estos influyen en sus decisiones y en sus modos de actuar. ¡Pero es posible destruir los pensamientos alterados a través de la fe en Dios!

Podemos encontrar distintos pensamientos alterados en las enfermedades mentales:

1. Los pensamientos de ruina, donde todo lo que vendrá será catastrófico.

2. Los pensamientos de perjuicio, donde siente que todo lo que le pasa es por culpa de alguien.

3. Los pensamientos de tristeza, característicos de los trastornos depresivos, que llevan al enfermo al llanto frecuente.

4. Las rumiaciones mentales, características de los trastornos de ansiedad, que se dan cuando la mente está centrada en una idea fija que le produce malestar, estrés y ansiedad. El pensamiento es como una rueda girando siempre sobre lo mismo.

5. Pensamientos obsesivos, característicos de los trastornos obsesivos. Son pensamientos muy negativos que aparecen en la mente sin buscarlos, y que generan una gran ansiedad pensando en que pueden ser ciertos. Las personas luchan para sacarlos de su mente, generalmente sin éxito.

6. Los pensamientos desorganizados, característicos de las psicosis. Son creencias falsas que no están basadas en la realidad. Cuando hay pensamientos patológicos, erróneos, se tiene un juicio desviado, que es un juicio alterado que no discierne la realidad. También se percibe y se dice una cosa por otra.

Un recurso que puede utilizar el enfermo mental para ayudarse a sí mismo en cuanto a este tema es escribir los pensamientos negativos en un papel y luego, a renglón seguido, escribir: «Este pensamiento no es verdad, no es correcto y no me pertenece. El pensamiento correcto es…», y allí, de acuerdo a lo que había escrito antes, colocar lo opuesto.

Otra forma de desplazar de la mente los pensamientos enfermos por otros saludables es seguir el consejo bíblico. La Biblia nos insta a esto en Filipenses 4:8 «*Por último, hermanos, piensen en todo lo que es verdadero, todo lo que es respetable, todo lo justo, todo lo puro, todo lo amable, todo lo que es digno de admiración; piensen en todo lo que se reconoce como virtud o que merezca elogio*».

La fe le ayuda al enfermo a desarrollar en su mente pensamientos buenos que vienen de la Palabra de Dios. ¡La fe en Dios y la guía del Espíritu Santo le ayudarán a pensar de acuerdo a lo que Cristo tiene para su vida! Por eso es tan importante leer la Biblia frecuentemente. Si le es difícil leerla, puede escucharla a través de algún dispositivo.

Los pensamientos están generados por ideas. Una cadena de ideas forma un pensamiento, una cadena de pensamientos forma un juicio, y los juicios forman razonamientos. Con los juicios se da valor a las cosas: si son correctas o incorrectas, si son buenas o malas, si son agradables o desagradables. Al asociar juicios, la mente está razonando, y razonar es la capacidad más elevada del ser humano a nivel cognitivo.

Pero ¿de dónde surgen las ideas en primer lugar? Las ideas surgen de los intereses, del aprendizaje, de lo que se escucha, se ve y se lee... Por eso es tan importante a qué cosas se les presta atención, pues todo lo que se ve o escucha generará ideas en la mente, las que terminarán condicionando la vida.

Los buenos pensamientos generan buenas emociones y buenas conductas. Y como dice Romanos 8:6: «*Los que ocupan su mente en las cosas del Espíritu tienen vida y paz...*».

La fe en el Dios de amor, fiel y todopoderoso, ayuda a aceptar la realidad de la enfermedad, sin buscar explicaciones con preguntas que no tienen respuesta.

Un concepto muy sanador es el de aceptar. Aceptar no significa aprobar, en el sentido de calificar como buena o positiva la enfermedad que provoca el sufrimiento. Aceptar quiere decir recibir e integrar el sufrimiento, o el motivo que lo produjo, a la propia vida, como una experiencia de vida o como parte de la propia historia. En el caso de la familia, aceptar le permite movilizarse hacia la ayuda del enfermo.

La fe ayuda a aceptar los tiempos y los propósitos de Dios aun en las enfermedades que se sufren.

Aceptar implica también reconocer las emociones que surgen en el entorno familiar, sin negar ni evadir los sentimientos. Aceptar una enfermedad en algún integrante de la familia promueve a la acción: analizar los recursos con los que se podría contar y canalizarlos para comenzar a transitar los caminos que ahora requiere la presencia de esa enfermedad. Aceptar la enfermedad potencia las energías, y permite buscar herramientas adecuadas para la solución o la mejor evolución del que la padece.

La fe ayuda a aceptar los tiempos y los propósitos de Dios aun en las enfermedades que se sufren. Dios no castiga con el sufrimiento o con la enfermedad. Dios siempre da guía y fortaleza a la persona que sufre y a su familia. Dios siempre da gracia para soportar el sufrimiento en tiempos de dolor.

Aceptar es también renunciar a las expectativas que no podrán cumplirse por la presencia de la enfermedad. Por ejemplo, una familia tiene expectativas de que el hijo sea ingeniero como su padre, pero el hijo en su adolescencia comienza con una enfermedad llamada esquizofrenia, con un brote psicótico, y la enfermedad sigue su curso a través de los años, y como consecuencia no puede estudiar en la universidad. El padre, por su frustración, no puede aceptar la realidad de la enfermedad de su hijo, le exige, y hasta se enoja frecuentemente con él, agravando su estado de salud.

Cuando, por medio de la fe, se acepta la situación, se acaban los porqués y los cuestionamientos al Señor. Con la fe puesta en el Dios de amor y todopoderoso, se logra aceptar aun sin entender los porqués y los paraqués. Al vivir por fe, no se buscan explicaciones. En 2 Corintios 5:7 dice: «*Esto lo sabemos por la fe, no por la vista*». También vemos en muchos personajes bíblicos cómo la fe los ayudó a aceptar realidades difíciles y que no tenían respuesta (por ejemplo, Job no tuvo respuesta a su sufrimiento).

Lo contrario de aceptar la enfermedad es negarla. Negar es cuando no se la quiere o no se la puede ver. Es decir: «Aquí no pasa nada, mi esposo no está enfermo. Solo tiene problemas de carácter». Lo difícil de la enfermedad mental en este sentido es que no hay síntomas físicos que estén mostrando que la persona está enferma. No hay fiebre, no está pálido, no le duele nada. Sin embargo, Dios nos puede dar sabiduría para reconocerla. Cierta vez, una señora cristiana observó que su marido había comenzado a cambiar en sus actitudes y conductas. No le prestaba atención, incumplía en su trabajo, y dejó de expresar las demostraciones de afecto que solía tener hacia ella. Esta esposa oró durante mucho tiempo para que su marido cambiara, hasta que un día le preguntó al Señor en oración porque su marido estaba así. Y en oración ella recibió la revelación de que su marido estaba atravesando una enfermedad, que todos estos eran síntomas de una enfermedad mental. ¡La fe en Dios abrió sus ojos, aceptó la realidad, y entonces pudo buscar ayuda profesional!

No siempre hay respuesta a los porqués o paraqués. En Romanos 8:28 dice: «*Además, sabemos que si amamos a Dios, él hace que todo lo que nos suceda sea para nuestro bien. Él nos ha llamado de acuerdo con su propósito*». Aun cuando no entendamos todo, podemos descansar en esta verdad.

La fe en el Dios de amor, fiel y todopoderoso, motiva a las personas a buscar ayuda pronta y oportuna.

«La capacidad del corazón humano para clamar sin reservas a Dios crea la oportunidad para una relación sanadora entre la humanidad herida y un Dios amoroso».[1]

Muchas familias, frente a la presencia de la enfermedad mental en alguno de sus miembros, se cierran sobre sí mismas, se esconden, y ocultan el problema a los demás. Algunos, porque sienten vergüenza o culpa. Otros, porque se sienten abrumados. Lo malo es que estos sentimientos solo retrasan el buscar ayuda profesional.

Cuando Carlos, el hijo menor de una familia cristiana muy comprometida con el Señor y con la iglesia, presentó su primera descompensación psicótica, la decisión de los padres fue ocultar la situación y mantenerlo en reserva. Ante la reiterada inasistencia a las reuniones, varios fueron los hermanos que se contactaron por teléfono con ellos, y aun el pastor los visitó en su domicilio. Todos estos intentos de averiguar qué era lo que les estaba pasando resultaron infructuosos. «Estamos todos bien, no hay ningún problema, gracias por la visita» era lo que decían a los hermanos de la iglesia. Lamentablemente, el ocultar la enfermedad, el no tener el sostén de los hermanos de la iglesia, y el no buscar ayuda profesional para poder controlar la enfermedad, llevaron a Carlos a un intento de suicidio y a una internación psiquiátrica de urgencia. Fue allí donde la familia se derrumbó y reconocieron la gravedad de la situación, y aceptaron que su hijo estaba padeciendo una enfermedad importante. Entonces clamaron de todo corazón a Dios y depositaron su fe en el único Dios de amor, fiel y todopoderoso que puede ayudarles. Luego su fe en que Dios estaba presente en medio de su dolor los movió a buscar ayuda profesional por la salud de su hijo. Y no solo aceptaron la ayuda profesional sino también la oración y el apoyo de una

---

1. Brueggemann, W. The Psalms and the Life of Faith: A Suggested Typology of Function, Journal for the Study of the Old Testament, 17 (1980), 3-32

congregación que los amaba y estaba preocupada por ellos. Hasta la fecha, Carlos continúa con su tratamiento psiquiátrico, tiene una buena calidad de vida y evangeliza a cada cliente que viene a comprar los productos que elabora.

Toda familia que tiene uno de sus miembros enfermo debe abrirse a la ayuda de los demás: a los profesionales del área y también a los de la familia de la fe. ¡Las cargas se alivian compartiéndolas, y la fe se ejercita con la comunión unos con otros!

La fe en el Dios de amor, fiel y todopoderoso, le ayuda al enfermo a comprender y aceptar que Dios le ama.

El amor es una necesidad básica para la construcción del psiquismo. Muchas personas han sido criadas en ambientes duros, carentes de amor, o siendo rechazadas. De adultos, estas personas pueden desarrollar cuadros depresivos o trastornos de personalidad. Es bien sabido que al que no recibió amor le es difícil darlo, e incluso desconfía cuando alguien se lo expresa. Cuando este tipo de personas reciben a Cristo, se sienten inundados por el amor de Dios. Esta es una de las cosas que más impacta en su vida. Ellos ahora pueden estar sufriendo las consecuencias naturales del pecado por el cual otros les hicieron sufrir en su niñez, atravesando ahora una enfermedad mental, pero también pueden disfrutar el haber conocido a Jesucristo como su salvador. ¡Disfrutan de su amor! Saben que cuentan con la ayuda de Dios permanentemente. Efesios 3:12 dice: «*Ahora podemos acercarnos con libertad y confianza a Dios, cuando lo hacemos por medio de Cristo y confiando en él*». El enfermo que tiene su fe puesta en Dios sabe que Él es su creador y que lo conoce mejor que nadie. Aunque por la oscuridad de la noche del sufrimiento no pueda ver la salida, o no sienta su presencia a su lado, puede aferrarse a la verdad del conocido versículo de Juan 3:16 «*Dios amó tanto al mundo, que dio a su único Hijo, para que todo el que cree en él no se pierda, sino tenga vida eterna»*, y puede aceptar el regalo del amor incondicional de Dios.

En 1 Juan 4:16 dice: *«Sabemos cuánto nos ama Dios porque hemos sentido ese amor y porque le creemos cuando nos dice que nos ama profundamente. Dios es amor, y el que vive en amor vive en Dios y Dios en él».* Aquel que no ha sentido el amor en su niñez puede sentirlo de adulto por la fe en Dios, quien le dice que lo ama profundamente. ¡Ahora él sí puede amar a Dios, y amarse a sí mismo y a los demás!

La fe en el Dios de amor, fiel y todopoderoso, le ayuda al enfermo a contar con el recurso de la oración.

Ser escuchado y entendido es una necesidad básica. Sin embargo, al reducir su interacción social, el enfermo mental también reduce las posibilidades de dialogar con otros, algo muy necesario para la mejora de sus síntomas. También tiene temor, si comparte lo que le pasa, a no ser comprendido o a ser criticado. La persona de fe sabe que Dios lo escucha y comprende. Que no lo va a criticar si comparte con Él en oración sus frustraciones y quejas sobre lo que le pasa. También, a diferencia de las personas, está accesible a cualquier hora del día y de la noche.

Muchos enfermos presentan un cambio en el ritmo sueño-vigilia, durmiendo durante el día y permaneciendo despiertos durante la noche. Y allí, en la soledad de la noche, pueden hablar con Dios sabiendo que Él no está durmiendo, que no lo molestan, y que escucha sus ruegos. Por medio de la fe el enfermo puede buscar socorro al volcar en oración al Señor los sentimientos de dolor, y de esta manera encontrar alivio. En Salmo 66:20 leemos: *«Bendito sea Dios, que no me volvió la espalda cuando yo oraba, y no me negó su bondad y amor».* Dios tiene un oído atento a nuestro clamor. Al orar, la persona enferma puede abrir su corazón, sus emociones y sus frustraciones, no sintiéndose juzgada, pues sabe que Dios la comprende.

Muchas enfermedades mentales tienen una evolución prolongada, y algunas permanecen a lo largo de toda la vida. En todas las etapas de la enfermedad, desde el asombro cuando esta aparece, hasta la resignación cuando esta se cronifica, la constancia en la oración puede sostener al enfermo. Cierta vez (habla Daniel), una esposa de pastor que sobrelleva su enfermedad desde hace largos años, al prescribirle la medicación periódica que debía tomar, me dijo: «Doctor, yo acepto esta medicación, pero me sostengo en la fe».

En el libro de los Salmos encontramos oraciones de corazones que sufren en tiempos difíciles y desesperados. Muchos son lamentos sinceros, clamores crudos sin refinar, que nos recuerdan que de poco sirve empaquetar el dolor delante de Dios porque Él lo sabe todo y se encuentra allí, junto al que sufre.

El Salmo 77 es la oración de un corazón apenado y triste, y en él están descritos muchos de los sentimientos que aparecen cuando una persona atraviesa un tiempo de tristeza, de dolor o de depresión, te invitamos a leerlo. Este salmo es una oración que revela un corazón abierto con toda sinceridad frente al Señor. Sus desgarradoras quejas y sus crudas preguntas expresan con claridad algunos de los síntomas del estado depresivo de un fiel y sincero hijo de Dios, que acepta su presente y sigue confiando en el Señor a pesar de recordar desde lejos sus bondades y misericordias del pasado.

La fe en el Dios de amor, fiel y todopoderoso, le ayuda al enfermo a participar en una iglesia y compartir con otros.

Los enfermos mentales suelen perder la pertenencia a los grupos de los que formaban parte. Si un adolescente iba a la escuela, deja de concurrir a la misma, o aumentan las inasistencias por periodos prolongados. Los adultos dejan de asistir a sus trabajos con licencia por enfermedad. Incluso dejan de reunirse con los amigos. Por todo esto, para una persona con algún tipo de trastorno mental, el tener fe y pertenecer a una comunidad cristiana es de mucha ayuda.

Compartir con otros promueve la salud al recibir apoyo social, emocional y espiritual, atenuando los efectos negativos de la enfermedad. Los enfermos mentales tienden a aislarse y a perder el contacto con los demás. Las llamadas telefónicas, las visitas en su domicilio, los saludos afectuosos, una palmada en el hombro, una sonrisa, un abrazo, el llamarlos por su nombre, tenerlos en cuenta para invitarlos a las actividades o darles una participación en algún programa, son todos gestos de muchísima ayuda para sus vidas, y transforman a la iglesia en una comunidad terapéutica para estos enfermos.

La enfermedad mental no es contagiosa, ¡pero la fe sí!

Por ejemplo, Elsa es una señora cristiana que padece una enfermedad depresiva severa por la que está en tratamiento psiquiátrico. Le cuesta salir de su casa. Es miembro de una iglesia a la que concurre con poca frecuencia desde que se enfermó. Sabe que están orando por ella en las reuniones semanales de oración. También una hermana de la congregación la llama por teléfono tres veces por semana para orar por ella. Son oraciones breves que le infunden un gran aliento. Elsa espera ese llamado con ansias. En una oportunidad, el pastor de la iglesia y dos diáconos la visitaron en su casa, oraron por ella y la ungieron con aceite. En Santiago 5:14-15 dice: *«Si alguno está enfermo, que llame a los ancianos de la iglesia para que oren por él y lo unjan con aceite en el nombre del Señor. La oración que hagan con fe sanará al enfermo y el Señor lo levantará».* Al domingo siguiente, concurrió a la reunión. Se la veía de mejor semblante, y a partir de ese momento tuvo una actitud más sana hacia la vida.

Sabemos que la enfermedad mental no es contagiosa, ¡pero la fe sí! Si un enfermo mental pasa tiempo en compañía de otros que tienen fe, esto influye en su mente y emociones, y le ayuda a vivir confiando siempre en Dios. La fe y el sentimiento de confianza se transmiten al hablar. Cuando un enfermo escucha a otros cristianos compartir su fe, esto se impregna en su mente y le ayuda a seguir confiando en Dios.

La fe en el Dios de amor, fiel y todopoderoso, brinda paz.

Hace un tiempo, recibí una publicidad de una línea de cruceros que promociona sus viajes con el slogan «*Peace of Mind*» (algo así como «tranquilidad de Espíritu»). Este slogan tan bien pensado alienta a que el cliente viaje tranquilo, con paz, porque ellos se encargarán de cuidar todos los detalles para su seguridad. ¿No es esto lo que el Señor quiere hacer con todas las personas atribuladas? ¿Acaso no desea Él darles paz de espíritu? Todos los creyentes saben esto, pero a veces pareciera que no alcanza cuando la enfermedad se presenta. No alcanzó con los discípulos que estaban en la barca con Jesús en medio de la tormenta. Allí la pregunta del Señor fue: «¿Por qué tienen miedo?». Ni tampoco alcanzó con Pedro cuando, al caminar sobre las aguas, dejó de mirar a Jesús. Entonces la pregunta fue: «Pedro, ¿por qué dudaste?»

Dudas y temores pueden quitar la paz. En estas circunstancias, la oración debe ser: «¡Señor, auméntanos la fe!». Depositar confianza y fe en Dios brinda una verdadera paz en medio de los problemas de una enfermedad propia o de un miembro de la familia. Leemos en Juan 14:27 «*Les dejo la paz, les doy mi paz; pero no se la doy a ustedes como la da el mundo. No se angustien ni tengan miedo*». Muchos enfermos mentales han generado dependencia a ansiolíticos y tranquilizantes, y se automedican, aumentando la dosis para encontrar un poco de alivio a sus síntomas. Los llevan a todos lados, en su cartera, en el bolsillo, en la guantera del auto, y se angustian cuando no los tienen. Sostenerse por fe en la promesa de que el Señor es el que da paz, hace que los medicamentos sean usados como indica el médico, sin necesidad de depender de ellos.

Algunos enfermos, al no conciliar el sueño y permanecer mucho tiempo despiertos en la noche, presentan temores, intranquilidad y falta de calma. En estos casos ayuda mucho el recordar versículos como el Salmo 4:8: «*En paz me acostaré y dormiré porque sólo tú, Señor, me haces vivir seguro*» o Proverbios 3:24: «*Al acostarte, no tendrás ningún temor y dormirás tranquilamente*». Tener fe en lo que la Biblia dice ayuda al enfermo a poder relajarse y dormir tranquilo.

La fe en el Dios de amor, fiel y todopoderoso, le ayuda al enfermo a conocer y confiar en las promesas de Dios.

Cuando una persona acepta a Cristo como su Salvador, recibe la vida eterna, el Espíritu Santo y una herencia que no solo disfrutará en el cielo sino también en esta tierra. ¡Pasa a ser heredera de las promesas que Él dejó en su Palabra! Gálatas 3:29 dice: «*Y si ustedes son de Cristo, son la verdadera descendencia de Abraham y herederos de las promesas que Dios le hizo*». El enfermo que confía en Dios, que conoce sus promesas y confía en ellas, puede apoyarse en esas promesas para sostenerse en su día a día.

Aunque a veces los interrogantes no tengan respuestas, siempre hace bien declarar las promesas de Dios, recordando que Él es nuestra paz, que Él es la torre fuerte, que Él es nuestra roca y Él es el pronto auxilio en las tribulaciones, y que Jesús dijo que iba a estar con nosotros todos los días hasta el fin del mundo.

La persona de fe conoce las promesas, las lleva en su mente y en su corazón, y confía en ellas porque sabe que son verdad, ¡porque Dios es fiel! La fe en un Dios fiel y verdadero, vigoriza y fortalece al enfermo. La fe le brinda confianza y certeza que le ayudan a seguir a pesar de las circunstancias difíciles que le toca atravesar.

Una sugerencia que podemos darle a quien sufre algún tipo de enfermedad es que escriba en un anotador o libreta personal todas las promesas que encuentre mientras lee la Biblia. Luego, al leerlas periódicamente, estas promesas le ayudarán a aumentar su fe (si es posible, que las escriba en primera persona, y las apropie para su vida con fe).

Algunas promesas hermosas de la Palabra de Dios que pueden ayudar a los enfermos mentales son:

«El Señor, que es fiel, les dará fortaleza…» (2 Tesalonicenses 3:3).

«Entiende, pues, que el Señor tu Dios es el único Dios fiel, que por mil generaciones es fiel a su alianza y muestra su lealtad a los que le aman y obedecen sus mandamientos» (Deuteronomio 7:9).

«El que los llama es fiel, y por eso hará todo lo que ha dicho» (1 Tesalonicenses 5:24).

«Sigamos firmes en la esperanza que profesamos, porque él cumplirá la promesa que nos hizo» (Hebreos 10:23).

«El Señor te protegerá; de todo mal protegerá tu vida. El Señor te cuidará en el hogar y en el camino, desde ahora y para siempre» (Salmos 121:7-8, NVI).

La persona que tiene fe confía en que Dios, con su amor, le cuidará y le protegerá siempre, porque confía en sus promesas. El enfermo mental que tiene fe, vive confiado. ¡La fidelidad de Dios es para siempre!

> **El enfermo mental que tiene fe, vive confiado.**

La fe en el Dios de amor, fiel y todopoderoso, brinda esperanza.

La esperanza es la confianza de lograr una cosa o de que se realice algo que se desea. La esperanza del enfermo mental que se apoya en Dios, es certeza, es expectativa, es convicción de que Dios tiene el control de su enfermedad. Esto le brinda paz y seguridad, que le ayudan a vivir el día a día. La esperanza protege la mente del temor, la angustia, y de los pensamientos negativos y catastróficos. Romanos 12:12 dice: «*Regocíjense en la esperanza, tengan paciencia si sufren y nunca dejen de orar*». La esperanza en el Señor da gozo y quita la tristeza. Da seguridad, confianza y certeza. La esperanza vence a la desesperanza, que es tan común en el enfermo mental y su familia. La fe da esperanza, y poner la esperanza en Dios libera de la angustia y la inquietud.

En la Palabra de Dios encontramos tres imágenes acerca de la esperanza. Se la representa como casco, ancla y puerta de entrada...

7. **Casco.** La esperanza es un casco que cubre la mente de las dudas y los pensamientos negativos, catastróficos y destructivos. En 1 Tesalonicenses 5:8 leemos: «*Nosotros [...] estamos siempre [...] protegidos por la coraza de la fe y del amor, y por el casco de la esperanza de salvación*».

8. **Ancla.** La esperanza es un ancla que mantiene al enfermo firme y seguro en Dios cuando atraviesa las tormentas de la enfermedad mental. Leemos en Hebreos 6:19: «*Esta esperanza es como un ancla firme y segura para nuestra alma y penetra hasta la presencia misma de Dios*». En las catacumbas cristianas, los judíos tenían el símbolo del ancla junto a la cruz, que hablaba de la esperanza en Cristo. Cuando las emociones están por hundir al enfermo en la desesperanza y la tristeza, la esperanza que brota de la fe lo levanta y le ayuda a sentir a un Dios presente que le sostiene. La fe es un ancla que le da seguridad en medio de su enfermedad. ¡Qué bueno es tener un ancla que nos afirma en medio de un maremoto de emociones negativas!

9. **Puerta de entrada.** La esperanza es una puerta de entrada a la realidad de que, aun conviviendo con la enfermedad, el Señor puede ayudar al enfermo a tener una buena calidad de vida. En Oseas 2:15 leemos: «*Allí le devolveré sus viñas y transformaré su valle de Penas en entrada hacia la Esperanza...*». La esperanza ayuda al enfermo y a su familia a ver la situación que están

viviendo desde una óptica distinta. Es posible salir del encierro de la depresión o de otra enfermedad mental por la puerta de la esperanza, confiando en que Cristo tiene planes y propósitos para la vida de cada uno.

La alegría y la paz del alma están relacionadas con la esperanza. *«Que el Dios de la esperanza los llene de toda alegría y paz a ustedes que creen en él, para que rebosen de esperanza por el poder del Espíritu Santo»* (Romanos 15:13, NVI).

Capítulo 4

Breve descripción de las enfermedades mentales

Los objetivos de este capítulo son:

> Conocer estas enfermedades, dado que si no se las conoce es probable que se las identifique o interprete de manera errónea.

> Poder detectarlas (cuanto antes, mejor).

> Saber que pueden presentarse en los miembros de la iglesia o la familia.

> Evitar confundir o rotular a las personas que las padecen, pensando que «el problema es espiritual».

> Tener una mejor comprensión para poder ayudar a aquellas personas que están atravesando alguna de estas enfermedades.

1. Trastornos del ánimo

Los trastornos del ánimo son los trastornos mentales cuya principal característica es la alteración del estado de ánimo del individuo. También se los conoce como trastornos afectivos. Los cambios en el estado de ánimo son lo suficientemente intensos como para afectar la vida cotidiana en lo que respecta al trabajo, la educación, las relaciones personales y aun el servicio a Dios. Los trastornos del ánimo más comunes son la depresión y el trastorno bipolar.

Depresión

La depresión es una enfermedad (a veces severa) cuyas formas clínicas son múltiples, y que puede estar vinculada a muchos factores. La depresión puede ser una manera de defenderse del sufrimiento psíquico extremo. Puede suceder también que no se le encuentre ninguna causa.

La depresión deteriora lo más importante de la persona: las ganas de vivir, la vitalidad. Una expresión muy común en los depresivos es «no tengo ganas…». No tienen fuerza interior como para realizar las tareas que siempre hicieron. «No tengo ganas de alabar, de ir a la iglesia ni de orar...». Si esto ocurre en el contexto de una depresión, no se debería juzgar a la persona como si se tratara de «tibieza espiritual», sino más bien debemos considerar que está atravesando una enfermedad que requiere atención profesional. Gracias a los progresos de la medicina, en la actualidad hay tratamientos para la depresión que alivian los síntomas o que la curan completamente.

La depresión presenta muchos síntomas. El más distintivo es la tristeza. Este sentimiento oscila entre una tristeza profunda y una intensa desesperanza, hasta llegar al punto del deseo de no vivir más, de morir. Aunque todos podemos sentirnos decaídos o tristes en algún momento de la vida, cuando dichos sentimientos perduran durante un tiempo prolongado, se considera un trastorno mental que puede ser muy serio y debilitante para la persona.

El depresivo se aísla, busca estar solo. Rehúye de amigos y familiares. Se va separando más y más de la vida social. Es lo que se llama hibernación: muchos se meten en la cama sin deseos de levantarse. Para otros, los compromisos diarios son difíciles de afrontar. Todo parece demasiado pesado. Se sienten demasiado débiles, y muchos dicen «no tengo fuerzas para enfrentar el mundo». Esto les hace perder el contacto con el mundo y consigo mismos.

Existen distintos tipos de depresión:

> Trastorno depresivo mayor (a menudo denominado simplemente «depresión»).

> Trastorno depresivo persistente (distimia).

> Trastorno disfórico premenstrual (síntomas depresivos severos y ansiedad que se da en mujeres antes del periodo menstrual).

> Trastorno depresivo debido a otra enfermedad (por ejemplo, el cáncer).

> Trastorno depresivo inducido por sustancias o fármacos.

> Melancolía.

> Depresión reactiva.

> Depresión estacional (trastorno afectivo estacional).

Trastorno bipolar

El trastorno bipolar es una enfermedad que, sin tratamiento, puede llegar al suicidio. Es un trastorno mental cada vez más frecuente, y se caracteriza por cambios exagerados en el estado de ánimo, oscilando desde la depresión hasta la manía. La manía es un estado de ánimo anormalmente elevado, eufórico, expansivo, donde la persona está hiperactiva, irritable y duerme poco. Esto afecta a la persona en cómo actúa, piensa y se siente. Los ciclos del trastorno bipolar duran días, semanas o meses, y perjudican seriamente el área laboral y las relaciones sociales de la persona que lo sufre. En los momentos de manía puede incluso dejar de trabajar, de cumplir horarios y normas, y llenarse de actividades improductivas, aumentar sus deudas haciendo gastos compulsivos innecesarios, y sentirse lleno de energía aun durmiendo pocas horas, pudiendo mostrarse irritable y propenso a las discusiones. En los momentos depresivos, el paciente no quiere ni salir de la cama.

Ya que es necesario estabilizar al paciente en su estado de ánimo, se debe consultar con un profesional porque requiere tratamiento y medicación psiquiátrica.

2. Trastornos de ansiedad

Los términos angustia, nerviosismo, inseguridad, inquietud, tensión, temor, o miedo, son descripciones de diferentes vivencias relacionadas con la ansiedad. Los trastornos de ansiedad son afecciones en las que estos síntomas no desaparecen, y pueden empeorar con el tiempo. Los síntomas pueden interferir con las actividades diarias, como el ministerio en la iglesia, el desempeño en el trabajo, la escuela y las relaciones entre personas. Altera el curso del pensamiento haciéndolo poco objetivo, lo que hace ver las cosas de manera pesimista y catastrófica. Limita seriamente la capacidad de atención y concentración porque el pensamiento está ocupado por muchas ideas de sufrimiento.

La persona que padece ansiedad no siempre es comprendida por quienes le rodean.

La ansiedad puede presentarse de distintas formas. A continuación, mencionaremos los tipos más comunes de ansiedad.

Trastorno de pánico

Cuando la ansiedad es muy severa y aguda puede llegar a paralizar al individuo, transformándose en pánico. El pánico es una respuesta extrema a un caso de ansiedad. Es una vivencia de miedo intenso, con sensación de descontrol, desmayo o temor a una muerte inminente. Estos síntomas forman parte de la crisis llamada «ataque de pánico» que se presenta súbitamente en individuos predispuestos. El lapso que puede durar un ataque de pánico varía de unos pocos minutos a varias horas.

Ejemplo de un caso de trastorno de pánico: Javier es un adulto joven que tiene una larga carpeta médica de estudios clínicos, cardiológicos y neurológicos. Todos estos estudios tenían como objetivo diagnosticar el porqué de los síntomas que aparecían repentinamente cuando se dirigía al trabajo o a alguna actividad grupal con sus amigos, sin ningún motivo que los desencadenara. Ahogos, palpitaciones, sudoración y la sensación y temor de que podía morir en ese momento. Todos los resultados de los análisis y estudios eran normales, pero él continuaba con estos episodios. En la congregación, su líder le decía que su falta de fe en Dios era lo que producía esos temores (de más está decir que el cuestionar su falta de fe generó más angustia y empeoró su cuadro…)

Fobia

La fobia es un miedo persistente, excesivo, irracional y desproporcionado a determinados objetos, animales o situaciones, que se acompaña con una marcada tendencia a evitarlos. Puede generar gran malestar o sufrimiento y produce restricciones importantes en la vida cotidiana, ya sea en las relaciones interpersonales, laborales o familiares. Puede haber temores al abandono, al rechazo, a las críticas, al fracaso, a lo desconocido, a la muerte propia o de seres queridos, etc.

Existen tres categorías principales de trastornos de ansiedad fóbica: la agorafobia (miedo a quedarse solo y a los lugares públicos), la fobia social (timidez y ansiedad frente a otras personas con las que se tiene que interactuar), y las fobias específicas, como la aracnofobia (fobia a las arañas), etc. Las fobias específicas engloban aquellas cosas o sucesos bien definidos que provocan miedo extremo, como determinados objetos o situaciones concretas. Por ejemplo, la persona puede tener miedo a las tormentas, a los pájaros, a las víboras, o a volar en avión. Las fobias específicas son más fáciles de comprender por la mayoría de las personas que los otros tipos.

Trastorno obsesivo-compulsivo

Las obsesiones son pensamientos o imágenes inapropiadas y dominantes que se presentan en forma reiterada, una y otra vez, en la mente de la persona y le provocan angustia. En ocasiones la persona puede llegar a reconocer que esas preocupaciones no son reales, sino que están arraigadas en su propia mente confundida, pero es impotente para tomar alguna decisión al respecto, o para suprimir o ignorar estos pensamientos o imágenes no gratos.

Las compulsiones son acciones repetidas que se realizan como consecuencia de esos pensamientos o imágenes. Quienes sufren este trastorno sienten que tienen que controlar (o volver a controlar) que una acción determinada ha sido llevada a cabo de la manera adecuada, o realizar ciertas tareas en forma de ritual. Si no logran realizar dichas conductas, crece su ansiedad. Algunos ejemplos de compulsiones son el lavado repetitivo de manos, el alisamiento repetitivo de cubrecamas, almohadones, cortinas o toallas, el control de que se han realizado correctamente ciertas tareas o de que unos objetos han sido ordenados de determinada manera, o el acaparamiento, que significa la incapacidad de tirar nada.

Las personas con este trastorno de ansiedad pueden tener pensamientos perturbadores en relación con Dios y su salvación, obligándolos a orar una y mil veces pidiendo perdón por un mismo hecho. En estos casos debemos saber que el origen de esos pensamientos no es espiritual sino producto de su neurosis. El poder explicarles esto ayuda a tranquilizarlos, disminuyendo su ansiedad.

Ejemplo de un caso de compulsión obsesiva: a un joven cristiano muy comprometido con el Señor repentinamente le aparecen en su mente pensamientos que él considera pecaminosos y hasta blasfemos hacia Dios. Esto lo angustia muchísimo y hace que repita en varios momentos del día largas oraciones pidiendo perdón por los mismos. Esos pensamientos solo se calman durante el sueño. Buscando aliviarlos, aumenta el tiempo de permanencia en la cama, aislándose de sus actividades cotidianas. A su vez, tiene un gran temor a perder la salvación de su alma.

Trastorno de estrés postraumático

Este cuadro les sucede a las personas cualquiera sea su edad (y aun en la niñez) que han experimentado sucesos dramáticos en su vida. Algunas experiencias traumáticas que provocan trastorno de estrés postraumático son: desastres naturales (como terremotos, ciclones, huracanes e inundaciones), guerras, robos, accidentes en medios de transporte, violencia doméstica, suicidio de familiares, amigos o compañeros, abuso físico o sexual, enfermedades severas con riesgo de muerte, o la pérdida de seres queridos. En todos estos casos el trastorno se da cuando ellos han experimentado el trauma en persona o lo han presenciado. La persona que sufre de trastorno de estrés postraumático vive en un estado constante de temor y revive su experiencia una y otra vez en sus juegos, en sus sueños (con pesadillas que rememoran la experiencia vivida), en sus dibujos, en su discurso y en sus relaciones con los demás. Las personas se encuentran al límite todo el tiempo, y temen que algo malo suceda o que eso mismo vuelva a suceder, volviendo una y otra vez a recordar lo vivido. Es posible que tengan dificultades para conciliar el sueño o permanecer dormidos, que estén irritables o tengan estallidos de ira, que tengan dificultades para concentrarse, que estén siempre alerta (estado llamado «hipervigilancia»), o que exhiban un exagerado reflejo defensivo (como dar un respingo con todo su cuerpo, de manera muy obvia, ante el menor ruido desconocido).

Ejemplo de un caso de estrés postraumático: un joven que fue asaltado a mano armada. Al bajar del autobús le quitaron la mochila con su computadora, donde tenía parte de un trabajo de investigación con el cual se graduaba. El tironeo, los gritos, una bala que se disparó pero que no dio en él, la impotencia y la desesperación, dieron como consecuencia un trastorno de estrés postraumático con todos sus síntomas característicos. Después de varios meses aún tiene recuerdos instantáneos e involuntarios del episodio en cualquier momento del día, y siente ansiedad extrema cuando ve a una persona desconocida que se le acerca o cuando transita por un lugar que le hace recordar el lugar del hecho.

Ansiedad social

El trastorno de ansiedad social no suele constituir un motivo frecuente de consulta debido a que quienes lo padecen creen que es «su forma de ser» y no lo relacionan con un problema emocional, salvo en los casos en que aparece asociada a la depresión o a ataques de pánico. La ansiedad social es difícil de diagnosticar. Se manifiesta con timidez extrema en situaciones sociales, angustia y temor al ridículo o a una situación humillante. En otros casos se manifiesta con síntomas como sentir vergüenza y ruborizarse al tener que hablar en un grupo social, o con un miedo intenso e irracional que le provoca mareos, náuseas o dolor de estómago ante situaciones nuevas, ansiedad intensa o incluso angustia al tener una entrevista laboral, o al ser observado comiendo, actuando o hablando delante de amigos o de gente que no conoce.

Un ejemplo de un caso de ansiedad social: una niña de diez años que esporádicamente presentaba episodios de dolor de estómago y deseos de ir al baño antes de ir al colegio. Expresaba no sentirse bien, y manifestaba no querer ir al colegio. Estos episodios se presentaban cuando sabía que tenía que exponerse frente a sus compañeros desarrollando un tema. El solo hecho de pensar que debía hablar frente a los demás, que la iban a mirar y escuchar y probablemente juzgar, le generaba muchísima ansiedad. Se la rotuló como introvertida, solitaria y antisocial (sin llegar a detectar que se trataba de un caso de ansiedad social, por lo cual no pudo recibir la ayuda adecuada).

Trastorno de ansiedad generalizada

Preocuparse por las cosas es normal, pero no lo es cuando se convierte en algo que ocurre continuamente e interfiere en la vida de la persona. Las personas con este trastorno suelen preocuparse por todo: estudios, trabajo, relación de pareja, iglesia, salir de casa y poder tener un accidente, etc.

Este tipo representa más del 50% de todos los trastornos de ansiedad, siendo el segundo trastorno mental más frecuente después de la depresión, y las mujeres tienen un riesgo dos veces mayor de sufrirlo. Los síntomas predominantes son muy variables, siendo los más frecuentes: quejas de sentir nervios constantemente, temblores, tensión muscular, sudoración, mareos, palpitaciones, vértigo y molestias epigástricas.

> **Preocuparse por las cosas es normal, pero no lo es cuando se convierte en algo que ocurre continuamente e interfiere en la vida de la persona.**

3. Trastornos psicóticos

Los trastornos psicóticos son graves. En ellos la persona pierde el contacto con la realidad, pudiendo tener alucinaciones y delirios.

Los trastornos psicóticos se caracterizan por la afectación de la neurotransmisión dopaminérgica y glutamatérgica en el hipocampo, el mesencéfalo, el cuerpo estriado y la corteza prefrontal. Se deben a un trastorno del neurodesarrollo, y de acuerdo con lo hallado en estudios epidemiológicos, los factores hereditarios están involucrados en la fisiopatología de muchas psicosis.

Dentro de los trastornos psicóticos están los trastornos delirantes o paranoias (la persona está totalmente convencida de cosas que no son ciertas) y la esquizofrenia (la persona tiene alucinaciones o pensamientos perturbadores).

La esquizofrenia golpea a gente joven. Casi el 90% desarrolla sus síntomas entre los 15 y los 40 años. Afecta alrededor del 1% de la población mundial y se presenta en promedios iguales entre hombres y mujeres. Se trata de un trastorno cerebral serio, que les impide a las personas diferenciar entre experiencias reales e irreales, pensar de manera lógica, o tener respuestas emocionales normales al enfrentar distintas situaciones sociales. Suele ser una enfermedad intimidatoria, difícil de entender al principio. Los primeros síntomas pueden generar alarma o temor, mucho más si se los considera producto de una actividad demoníaca o satánica.

Los síntomas de la enfermedad suelen ser imperceptibles al principio. Los esquizofrénicos suelen sentirse tensos, tener problemas para dormir o concentrarse, aislarse y perder amistades. A medida que la enfermedad progresa, se van desarrollando síntomas psicóticos tales como delirios, creencias o pensamientos falsos sin fundamento real; tienen alucinaciones (escuchar o sentir cosas que no están presentes), comportamientos extraños o incomprensibles que no guardan relación con el entorno, o sufren de un «aplanamiento del afecto», en donde no reflejan emoción alguna.

Cuanto antes se reconozca y se diagnostique esta enfermedad, mejor será. Un diagnóstico temprano conduce a un tratamiento temprano y aumenta las probabilidades de una pronta recuperación.

He aquí cinco consejos para tener en cuenta si alguna vez te encuentras frente a un psicótico que te relata sus delirios y alucinaciones:

1) Mantente tranquilo, relajado, cálido y optimista. Nunca demuestres ansiedad o preocupación. Toma como natural lo que te está diciendo, dado que la persona que padece esquizofrenia es muy vulnerable al estrés y muy perceptible al temor o inseguridad del interlocutor. Instala esperanza para el futuro.

2) Cuando digas algo, el tono emocional con el que lo hagas debe ser tranquilo y en un volumen bajo. Por ejemplo, si demuestras amor, o preocupación por algo que está haciendo, o alegría por poder hablar con él, cuídate de no ser demasiado expresivo.

3) Evita situaciones de estrés. Si percibes que la persona se está poniendo tensa por algún comentario, cambia de tema rápidamente.

4) Mantén un diálogo lineal. Transmite un solo concepto a la vez. No indiques varias cosas al mismo tiempo, como por ejemplo «Tienes que leer la Biblia porque hace bien y orar todos los días al levantarte». Lo adecuado sería «Tienes que leer la Biblia» y esperar su respuesta. Frente a un paciente que permanece mucho tiempo en la cama un diálogo no lineal sería «Levántate porque está lindo el día, ya preparé un rico desayuno y tenemos que salir pronto», lo ideal sería decir la primera indicación («Levántate»), cuando se logró esta seguir con la segunda y así sucesivamente.

5) En los psicóticos los contactos sociales disminuyen o desaparecen, por lo que fomentar las relaciones es muy importante. Es

recomendable que los miembros de la congregación mantengan contacto con ellos.

Las relaciones familiares son clave para la estabilidad del enfermo.

¿Qué puedes hacer tú como líder o pastor por la familia de un esquizofrénico? Si te encuentras frente a los familiares de una persona que padece una esquizofrenia, recuerda que las relaciones familiares son clave para la estabilidad del enfermo. Aquí te compartimos algunos consejos:

> - Crear para ellos un ambiente de calidez y tolerancia en la iglesia, y animarlos a que hagan lo mismo ellos con el enfermo en su casa.

> - Quitarles la carga que puedan sentir por la vergüenza o la culpa (ambas son injustificadas, pero pueden estar sintiéndolas de todos modos).

> - Ayudar a que le brinden al enfermo amor y apoyo incondicional.

> - Procurar que el grupo familiar conserve su rutina diaria, dentro de lo posible.

> - Recomendarles que cumplan con el tratamiento, dado que el riesgo asociado con el incumplimiento es muy grande (el enfermo presenta cinco veces más posibilidades de tener recaídas).

Una buena evolución de los pacientes con psicosis depende muchas veces, y más allá de la medicación que tomen, de un entorno familiar favorable que acepte amorosamente a la persona con su enfermedad.

4. Trastornos de personalidad

La personalidad es un conjunto de características o patrones que definen a una persona por sus sentimientos, pensamientos, actitudes y conducta. Cada persona al nacer tiene en cierto modo su personalidad condicionada por la biología, pero esta personalidad se va a ir modificando a lo largo del tiempo en función de las relaciones con el ambiente. La personalidad cambia y se estructura con el paso del tiempo, tanto por las influencias parentales como sociales.

Los sujetos con un trastorno de la personalidad tienen patrones de comportamiento, emociones, conductas e impulsos que son muy diferentes a lo que se podría esperar de ellos. Estas desadaptaciones pueden a su vez haberles causado preocupación, incomprensión, rechazo o enojo. Sin embargo, los sujetos con un trastorno de la personalidad no modifican sus patrones de conducta, pues viven su forma de ser como si fuera normal. Son inflexibles, incluso cuando se los confronta con lo que están haciendo o cuando sus conductas son repetidamente ineficaces y sus consecuencias negativas. Creen que no hay nada reprochable en ellos. Niegan su problema. No aceptan asesoramiento ni tratamiento psicológico. En general, podemos decir que las personas que presentan un trastorno de personalidad tienen una capacidad de introspección disminuida, por lo que no se preguntan ni se cuestionan. No tienen capacidad de reflexionar sobre sus conductas ni sus emociones.

La persona no presenta ninguna enfermedad física que justifique su particular forma de ser. Los trastornos de la personalidad resultan de la interacción entre los genes y el ambiente. Es decir, algunas personas nacen con una tendencia genética a padecer un trastorno de la personalidad, y esta tendencia disminuye o aumenta en función de los factores ambientales. Generalmente, los genes y el ambiente contribuyen por igual al desarrollo de los trastornos de personalidad, que generalmente se inician en la adolescencia.

Los manuales de psiquiatría mencionan diez tipos de trastornos de la personalidad distintos. Para ser más didácticos, los dividiremos aquí en cuatro grandes grupos:

1. Un grupo se caracteriza por pensamientos o comportamientos excéntricos o extraños. Son personas desconfiadas, que siempre sospechan de los demás (por ejemplo, una persona que siempre sospecha injustificadamente que su cónyuge le está siendo infiel). Creen que los otros intentan engañarlos o dañarlos. Comentarios inocentes son tomados como agresivos, con doble sentido o como ataques personales, reaccionando con enojo o furia. En general estas personas prefieren estar solas.

2. Otro grupo de personas presentan indiferencia hacia las necesidades o los sentimientos de los demás. Se comportan de manera agresiva o violenta en las relaciones interpersonales, discuten en la calle con otros conductores, son beligerantes, impulsivos e irresponsables. Tienen falta de remordimiento por su comportamiento, mienten frecuentemente y tienen antecedentes de estafas constantes. Algunos pueden incluso actuar con maldad.

3. En un tercer grupo se hallan las personas con una búsqueda constante de atención, con emociones poco profundas y cambiantes, y preocupadas excesivamente por su apariencia física. Se sienten especiales. Fantasean sobre el poder, el éxito y la atracción. Exageran sus logros y son arrogantes.

4. Un cuarto grupo presenta sensibilidad excesiva a las críticas o al rechazo. Se sienten inferiores y tienen muy baja autoestima. Pueden tolerar tratos abusivos o inadecuados. Son inhibidos, sumisos, tímidos, se aíslan socialmente, y tienen dificultades para expresar desacuerdo con los demás en un grupo. Presentan temor a la desaprobación, a pasar vergüenza o a hacer el ridículo. Tienen dificultad para iniciar y llevar a cabo proyectos por falta de confianza en sí mismos.

5. Trastornos neurocognitivos

Los trastornos neurocognitivos consisten en alteraciones en las capacidades cognitivas, como la memoria, la percepción y la resolución de problemas. Cabe aclarar que aunque los trastornos cognitivos se encuentran presentes en muchos trastornos mentales (como la esquizofrenia o los trastornos bipolares), solo aquellos trastornos cuyas características básicas son cognitivas se incluyen dentro de los trastornos neurocognitivos.

Los trastornos neurocognitivos ocurren con mayor frecuencia en adultos mayores (las probabilidades de desarrollar un trastorno cognitivo se ven aumentadas a partir de los 60 años de edad), pero también pueden afectar a personas más jóvenes.

Es importante comprender que los trastornos neurocognitivos implican un deterioro en la cognición, es decir, una disminución por debajo del nivel de funcionamiento que era normal para esa persona. La capacidad cognitiva reducida puede incluir problemas con el aprendizaje y la memoria, la atención compleja, el funcionamiento ejecutivo, el lenguaje expresivo y receptivo, y las habilidades perceptivas y motoras. Estos síntomas pueden ser causados por una afección neurodegenerativa, como la enfermedad de Alzheimer, o por otras enfermedades como la enfermedad de Parkinson o la enfermedad de Huntington, o por un derrame o lesión cerebral traumática. También pueden desarrollarse como resultado del abuso de sustancias. Todo esto produce cambios en el comportamiento y dificultades para realizar las tareas diarias.

6. Enfermedades neurológicas

Epilepsia

La epilepsia es una enfermedad muy frecuente del sistema nervioso, generada por la irritación de las neuronas. El síntoma principal de esta irritación son los movimientos involuntarios del cuerpo, que se presentan de forma inesperada, algunos generalizados (llamados convulsiones) y otros parciales, con movimientos de alguna parte del cuerpo o «ausencias». La ausencia es la pérdida de la consciencia en la que la persona se queda con la mirada fija y perdida por pocos segundos. La persona no es consciente de esto, y tras la crisis sigue con su actividad sin recordar nada de la misma.

Seis de cada mil personas en el mundo presentan esta enfermedad, y ella influye en la cognición, las emociones y las relaciones sociales de la persona que la padece. Afortunadamente, en la actualidad se cuenta con numerosos medicamentos para aliviar estos síntomas.

Algo muy importante para recordar es que debes solicitar ayuda si te encuentras frente a una persona que presenta una crisis convulsiva y la crisis dura más de cinco minutos, o si se produce una serie de crisis sin que la persona recupere la consciencia entre ellas, o si la persona se hiere durante la crisis.

Otras enfermedades neurológicas son la esclerosis múltiple, el Parkinson y las demencias, las cuales explicaremos a continuación.

Demencias

La demencia es la enfermedad mental, generalmente grave y progresiva, caracterizada por la pérdida o debilitamiento de las facultades mentales, con alteración de la memoria y la razón, y acompañada frecuentemente con trastornos de la conducta.

Entre las afecciones más comunes de la vejez encontramos las demencias (causadas por el envejecimiento cerebral con la muerte de neuronas y sus conexiones), siendo la más común de ellas el Alzheimer, que es el deterioro severo y progresivo de la capacidad mental, que interfiere en la vida diaria de la persona. Algunos de los síntomas del Alzheimer son: pérdida de la memoria (especialmente la memoria de hechos recientes, que generalmente es notada por otra persona), dificultad para comunicarse o encontrar palabras para mencionar objetos o actividades, perderse mientras se conduce o camina por la calle, y dificultad para realizar las tareas que antes hacía normalmente, como pagar un impuesto o cocinar. Además, a los trastornos cognitivos se les pueden

Un adulto mayor sin actividad y recluido en su casa tiene mayor probabilidad de enfermarse.

agregar trastornos de conducta, como insomnio, depresión, ansiedad, agitación, alucinaciones, gritos, ideas persecutorias (me están robando, me están secuestrando), o agresividad.

Todos los trastornos de conducta tienen tratamiento, no así el deterioro cognitivo, ya que a la fecha se encuentran pocos recursos terapéuticos para evitar el avance de esta enfermedad.

Si un familiar, hermano en Cristo, o amigo padece esta enfermedad, es importante tener en cuenta algunos consejos:

> ➢ Evalúa su entorno social. Muchos adultos se hallan solos, sin vínculos cercanos. Trata de proveerles la compañía y asistencia necesarias.

> ➢ Evalúa su actividad o pasividad. Un adulto mayor sin actividad y recluido en su casa tiene mayor probabilidad de enfermarse. Organiza actividades especiales para este grupo dentro de tu congregación.

> ➢ Evalúa su necesidad de ayuda. Chequea si la persona puede ocuparse de las tareas básicas de la vida diaria (compra de medicamentos y alimentos; deambulación y transporte; higiene y cuidado de la casa), y de lo contrario, ayuda a que le sean provistas.

Hoy en día en el mundo hay muchos prejuicios en relación con la vejez. Sin embargo, como cristianos, debemos valorar esta etapa de la vida tal y como nos enseña la Biblia:

«Las canas son corona de gloria y se obtienen viviendo una vida justa». (Proverbios 16:31)

«Aun en su vejez producirán fruto y estarán llenos de vida y verdor». (Salmos 92:14)

«La gloria de los jóvenes está en su fuerza, la honra de los ancianos está en sus canas». (Proverbios 20:29)

«Demostrarán verdadero respeto y honrarán a los ancianos por temor a Dios. Yo soy el Señor». (Levítico 19:32)

Los ancianos en la Biblia se asocian con gloria, honor, honra, hermosura, fruto, ciencia, sabiduría y respeto. ¡Aprendamos a cuidar de ellos como se merecen!

Asperger

El síndrome de Asperger fue descrito por primera vez en 1944 por el pediatra austríaco Hans Asperger a partir de la observación de un grupo de niños caracterizados por ser socialmente extraños, ingenuos, desconectados unos de otros, que tenían una buena gramática y vocabulario extenso, y su discurso era fluido, pero literal. Niños con una comunicación no verbal empobrecida, con una pobre coordinación motriz y con falta de «sentido común», interesados por temas específicos, y con una inteligencia promedio o superior pero con dificultades para aprender tareas convencionales. Este trastorno causa una discapacidad significativa en el área social, ocupacional y en otras áreas importantes del desarrollo.

Por otra parte, también pueden tener un buen nivel de lenguaje y amplio vocabulario, una buena capacidad de memoria, un buen procesamiento de la información visual y una hábil percepción de detalles que para otros pueden pasar desapercibidos. Suelen, además, ser personas muy cumplidoras, nobles y leales.

Este síndrome es un trastorno del neurodesarrollo que forma parte de los trastornos del espectro autista (TEA) y afecta a la persona, básicamente, en tres esferas:

1. Dificultades en la interacción social, que se manifiestan como al menos dos de las siguientes: en el contacto visual, expresión facial, o posturas del cuerpo. No siempre es por falta de interés, sino por falta de habilidades. Ausencia de reciprocidad emocional.

2. Patrones de comportamiento, intereses y actividades restringidas, y alta rigidez cognitiva y de comportamiento. Conductas repetitivas. Preocupación absorbente, acotada a ciertos temas de interés, que es anormal en su intensidad y enfoque.

3. Híper o hipoactividad frente a determinados estímulos sensoriales. Es decir, excesiva sensibilidad a determinados sonidos u olores, y disminución de esta para el dolor o la temperatura.

El síndrome de Asperger puede deberse a una combinación de factores genéticos y ambientales que provocan cambios en el desarrollo del cerebro. Este tipo de autismo tiende a presentarse en varios miembros de la familia, lo que sugiere que algunos casos pueden ser hereditarios.

Este síndrome no acostumbra a presentar retraso cognitivo, ni en la adquisición ni en el desarrollo del lenguaje. No existe ningún marcador biológico válido. El diagnóstico se fundamenta en un análisis de la conducta, y existe una gran diversidad entre las distintas personas afectadas. Sin embargo, un diagnóstico a edades tempranas es fundamental para poder trabajar con el niño o niña de manera precoz sobre estas dificultades, así como para dar pautas a la familia y profesores para ayudar a su desarrollo y facilitar su inclusión social.

7. Trastornos de la conducta alimentaria

Anorexia nerviosa

Es una enfermedad que se caracteriza por el hecho de que quienes la padecen tienen una percepción distorsionada y delirante del propio cuerpo, que hace que el enfermo se vea a sí mismo gordo, aun cuando su peso se encuentra por debajo de lo recomendado. Como consecuencia, la persona controla obsesivamente la cantidad de comida ingerida, restringiendo la ingesta, haciendo dieta y ayunos, tomando laxantes y diuréticos, y realizando ejercicios excesivos.

En la anorexia nerviosa existe el miedo a subir de peso. Por ello, el enfermo inicia una disminución progresiva de peso mediante privación de ciertas comidas con altas calorías y reducción de la ingesta de alimentos. De esta manera, puede llegar a dañar su salud física, trayendo anemia, fatiga, insomnio, mareos o desmayos, pigmentación azulada en los dedos de las manos, cabello fino o quebradizo o pérdida de cabello, vello suave como pelusa que cubre el cuerpo, ausencia de menstruación, estreñimiento y dolor abdominal, piel seca o amarillenta, intolerancia al frío, ritmo cardíaco irregular, presión arterial baja, deshidratación, e hinchazón de los brazos o las piernas por acumulación de líquido por la alteración del funcionamiento renal.

Esta enfermedad, por sus características y gravedad, requiere de un abordaje multidisciplinario:

> ➤ Médico clínico (por todos los trastornos físicos, que incluso pueden llegar a requerir una internación).

> ➤ Médico psiquiatra (por la necesidad de una medicación, dada la percepción distorsionada y delirante del propio cuerpo).

> ➤ Psicólogo (por el trastorno emocional de autoestima).

> Nutricionista (para indicar una dieta específica, apropiada a cada paciente).

> Consejería familiar (para lograr concientización por parte de la familia y cooperación en los tratamientos).

Bulimia nerviosa

Es una enfermedad caracterizada por pautas anómalas de alimentación, con algunos momentos de ingesta masiva, y otros de eliminación de esas calorías con vómitos o laxantes. Su característica esencial consiste en que la persona sufre episodios de atracones compulsivos seguidos de un gran sentimiento de culpabilidad y sensación de pérdida de control. Suele alternarse esto con episodios de ayuno o de muy poca ingesta de alimentos, pero al poco tiempo el enfermo vuelve a sufrir episodios de ingesta compulsiva. El abordaje terapéutico debe ser multidisciplinario, al igual que en el caso de la anorexia.

Trastorno por atracón

Es una enfermedad grave que se caracteriza porque la persona ingiere grandes cantidades de comida y siente que pierde el control mientras come. Tras el atracón aparece una angustia severa por el posible aumento de peso.

Todos estos trastornos de la conducta alimentaria tienen algo en común: una alteración de la imagen corporal. Por eso es una buena idea que como líderes o pastores podamos trabajar en nuestros grupos de adolescentes y jóvenes los siguientes aspectos:

> Cuestionar el culto a la belleza y a la imagen exterior, tan presente en la cultura imperante hoy.

> Mejorar la autoestima. Ayudar a que se sientan bien consigo mismos, con lo que son y cómo son.

> ➤ Estimular ejercicios como el de sonreír frente al espejo, aprendiendo a mirarse de una manera distinta, resaltando la belleza interior.

> ➤ Confrontar aquellos pensamientos y valores que buscan hacerles creer que su imagen es más importante que su persona.

> ➤ Enseñarles a verse a sí mismos a través de los valores espirituales. Que puedan verse como Dios los ve: únicos, valiosos y amados.

Capítulo 5

Personas notorias con enfermedades mentales

Una persona puede ser muy útil desarrollando sus dones y sirviendo a los demás a pesar de estar padeciendo algún tipo de enfermedad, deficiencia o discapacidad mental. Cualquier cristiano puede cumplir el propósito de Dios para su vida, aun en medio de la enfermedad o del sufrimiento, porque Dios se perfecciona en nuestras debilidades. Lo que cuenta para Dios es la fidelidad del cristiano, no su salud.

Los seres humanos con enfermedades mentales *no son enfermos mentales,* sino que *están atravesando una enfermedad mental.* La enfermedad no hace a su identidad ni a su valor, sino que solo limita alguna función o desempeño; ellos siguen conservando la mayoría de sus aptitudes, capacidades e ingenio.

> **Los seres humanos con enfermedades mentales no son enfermos mentales, sino que están atravesando una enfermedad mental.**

Mencionaremos algunos ejemplos de personas que sobresalieron en su campo de trabajo, a quienes el tener una enfermedad mental no los limitó en el desarrollo de talentos y dones, los cuales desplegaron de una manera sorprendente.

Charles Spurgeon (pastor, predicador y escritor)

Charles Spurgeon padeció una enfermedad mental llamada depresión. A pesar de este sufrimiento, por su fe, fidelidad y amor al Señor, llegó a ser considerado uno de los predicadores más grandes de la historia y fue llamado «el príncipe de los predicadores».

Nació en Inglaterra en 1834, y en Londres lideró la congregación más grande de la época con 5.600 asientos. Sus sermones eran publicados en diarios como el London Times y el New York Times. Sus sermones, compilados durante su ministerio en el Tabernáculo Metropolitano, llenan 63 volúmenes; decía que en la oración estaba el poder de la iglesia, y durante sus sermones, reunía a algunos hermanos en un cuarto contiguo para interceder durante sus prédicas.

Como vemos, estamos frente a un gran siervo de Dios que sin embargo padecía una enfermedad mental como la depresión. En 1858 sufre un episodio que lo aleja tres domingos del púlpito; a su regreso, su mensaje fue sobre 1 Pedro 1:6 -7, que dice: «*Esto es lo que a ustedes los llena de alegría, a pesar de tener que sufrir diversas pruebas por algún tiempo. La fe de ustedes es como el oro que tiene que probarse por medio del fuego. Así también su fe, que vale mucho más que el oro, tiene que probarse por medio de los problemas y, si es aprobada, recibirá gloria y honor cuando Jesucristo aparezca*».

En otra ocasión escribió a su congregación del Tabernáculo Metropolitano: «Queridos amigos, el horno aún brilla en torno a mí. Desde la última vez que les prediqué he sido abatido muy bajo, mi carne ha sido torturada con mucho dolor y mi espíritu ha sido postrado con depresión».[1]

Spurgeon se consolaba en sus sufrimientos depresivos sabiendo que la depresión lo equipaba para ministrar con mayor poder y efectividad. En una oportunidad dijo: «Yo iría a las profundidades cien veces para alentar a los espíritus quebrantados. Es bueno que yo experimente la aflicción para saber cómo hablar oportunamente una palabra a alguien que está abrumado».

En el sermón titulado *La aflicción y el gozo del cristiano* se refiere a su enfermedad diciendo: «Mi espíritu estaba tan abatido que podía llorar durante horas como un niño, y sin embargo no sabía por qué lloraba».

En una ocasión, este fiel cristiano lleno de fe expresó lo siguiente: «Un buen amigo estaba contándome acerca de una pobre mujer que sufría de grandes dolores pero que estaba llena de gozo y alegría; al oír esta historia me sentí muy acongojado y avergonzado de mí mismo». Debido a su enfermedad mental, Spurgeon muchas veces se debatía entre la depresión y el gozo, y expresaba: «Ese texto brilló en mi mente con un verdadero significado, que algunas veces el cristiano no soporta sus sufrimientos con un corazón valeroso y gozoso; a veces, el espíritu se hunde con él, y el cristiano debe volverse como un niño golpeado por la mano de Dios». En otra oportunidad, dijo: «La mente puede descender mucho más abajo que el cuerpo, porque en él hay pozos sin fondo. La carne solo puede soportar un cierto número de heridas y no más, pero el alma puede sangrar de diez mil maneras y morir una y otra vez cada hora».

Cualquiera de nosotros podría cuestionar el hecho de si es correcto para un cristiano de la envergadura de Spurgeon preguntarse el porqué de su sufrimiento; bien, él lo hizo, y lo leemos en su escrito *La espada y la cuchara*, de 1876. Después de estar limitado durante un

---

1. Spurgeon y sus aflicciones. allanroman.blogspot.com - https://bit.ly/3ON78wp

tiempo por sus episodios depresivos, hizo la pregunta en un artículo titulado *Incapacitado: ¿por qué?*, y allí Spurgeon respondió a su propia pregunta concluyendo que tales tiempos son «la manera más segura de enseñarnos que no somos necesarios para la obra de Dios, y que cuando somos más inútiles Él puede fácilmente prescindir de nosotros».

Charles Spurgeon es un excelente ejemplo de que un cristiano puede ser útil en las manos de Dios aun no contando con una buena salud mental. Todo un ejemplo de enfermedad mental y fe, un ejemplo de aceptación de su enfermedad, la cual sin ser escondida era usada para la gloria de Dios. Un ejemplo de servir al Señor a pesar del sufrimiento[2].

John Bunyan (pastor y escritor)

Nacido en 1628 en Inglaterra, fue un prolífico escritor inglés y predicador cristiano. Estuvo preso desde 1660 a 1672 por seguir predicando fuera de la liturgia que imponía la Iglesia anglicana, que solo debía administrarse por alguien con órdenes episcopales. Durante su encierro escribió su autobiografía *Gracias al mayor de los pecadores*. En 1675 estuvo nuevamente preso por seis meses por negarse a dejar de predicar, y probablemente fue en ese tiempo donde escribió su famoso libro *El progreso del peregrino*[3].

En su libro autobiográfico describe con gran detalle una enorme cantidad de síntomas que padecía, tales como los cambios súbitos de esperanza y temor, las dudas amenazantes de las verdades de la fe, las interpretaciones autorreferenciales de determinados textos bíblicos y las tentaciones que no cedían ante las reiteradas oraciones de perdón. Estos síntomas en su conjunto configuran una enfermedad mental llamada *neurosis obsesiva compulsiva*. En su autobiografía él

---

2. La angustia y agonía de Charles Spurgeon - http://www.spurgeon.com.mx/angustias.html

3. El Progreso del Peregrino: Viaje de Cristiano a la Ciudad Celestial bajo el símil de un sueño. John Bunyan. Editorial CLIE, 2009. (Publicado originalmente en 1678).

escribió: «*El tentador volvió de nuevo a mí y esta vez con una tentación más dolorosa y amenazante que antes. La tentación era: 'Donde está Cristo bendito, cámbialo por cosas de esta vida, cámbialo por algo'. La tentación me persiguió casi un año y lo hacía tan continuamente que no pude librarme de ella ni siquiera un día, ni siquiera una hora, a no ser que estuviera dormido. Pero ni siquiera el disgusto que me producía el pensamiento ni la voluntad de resistirme pudieron disminuir su fuerza. El pensamiento aparecía siempre mezclado con todos los demás, de tal manera que ni siquiera podía comer mis alimentos, cortar leña o dirigir mi mirada a otra parte sin que la tentación estuviera conmigo. 'Vende a Cristo por esto, vende a Cristo por lo otro, véndele'. Algunas veces penetraba dentro de mis pensamientos al menos unas cien veces a la vez. 'Véndele, véndele'.*

Algunas veces yo me he esforzado en luchar contra estas y he utilizado algunas sentencias del bendito Pablo en contra de ellas, pero no hay nada que hacer; rápidamente cuando efectuaba este tipo de argumentaciones los pensamientos volvían otra vez».

En otro pasaje de su autobiografía, Bunyan ejemplifica también sus compulsiones (síntoma del trastorno obsesivo compulsivo): «Un día me encontraba entre Elstow y Belford, y la tentación cayó sobre mí para probar si tenía fe haciendo algún milagro; el milagro que debía hacer consistía en decir a los charcos que estaban en la carretera '¡Secaos!' y a los lugares secos '¡Transformaos en charcos!'. Y de hecho estuve a punto de hacerlo, pero justamente cuando estaba por decirlo vino otro pensamiento: 'Arrodíllate debajo de aquella verja y ora primero. Dios te hará capaz'. Cuando hice esto, de nuevo volvió el pensamiento de que si yo había rezado y no pasaba nada; quería decir que yo no tenía fe y que era un proscrito y un perdido. Así continué una gran cantidad de tiempo, y pensé que si solo podían tener fe los que podían hacer cosas maravillosas, debía concluir que por el momento ni la tenía y que tampoco la tendría en el futuro. Así pues, me encontraba de nuevo entre el mal y mi propia ignorancia y estuve tan perplejo que no sabía qué hacer.

Estas ideas junto con otras que en estos momentos yo no me atrevo ni de palabra ni por escrito a decirlas producían tal convulsión en mi espíritu y sobrecargan tanto mi corazón por su cantidad, por su continuidad y por su fuerza que yo sentía como si no hubiera nada más desde la mañana a la noche dentro de mí, como si de hecho no pudiera existir espacio para otra cosa»[4].

Esta enfermedad no lo limitó, más aún, posibilitó que escribiera su famosa novela *El progreso del peregrino*, un libro reimpreso hasta nuestros días que fue el vehículo de salvación para miles de personas. Este libro es una alegoría de la peregrinación de un alma en busca de su salvación eterna, un peregrino que está permanentemente asediado por la duda de qué camino tomar, por la desesperación de la incertidumbre y la fe para proseguir a la ciudad celestial.

Es uno de los libros de literatura inglesa más traducidos, instrumento para que muchos conozcan a Cristo como salvador y el libro más leído después de la Biblia en la Inglaterra de esos tiempos. En los últimos años de su vida, fue reconocido mundialmente —además de clérigo puritano— como uno de los escritores más importantes de la época.

El siguiente pasaje está extraído de *El progreso del peregrino* y con magistral belleza literaria nos muestra aspectos de su propia lucha espiritual y emocional:

> *Cristiano desenvainó después su espada, porque vio que ya era tiempo de acometer, y Apolión se lanzó sobre él arrojando dardos tan espesos como el granizo, en términos que, a pesar de los esfuerzos de Cristiano, salió herido en su cabeza, manos y pies, lo cual le hizo ceder algún tanto. Apolión aprovechó esta circunstancia y acometió con nuevos bríos; pero Cristiano, recuperándose, resistió tan denodadamente como pudo.*

---

4. Freedman, Kaplan y Sadok. Tratado de Psiquiatría, Ed. Salvat, Barcelona, España, pág. 1381

Este combate furioso duró cerca de medio día, hasta que casi se agotaron las fuerzas de Cristiano, porque, a causa de sus heridas, iba estando cada vez más débil. Apolión no desaprovechó esta ventaja, y ya no con dardos sino cuerpo a cuerpo, le acometió, siendo tan terrible la embestida que Cristiano perdió la espada.

—Ahora ya eres mío —dijo Apolión, oprimiéndolo tan fuertemente al decir esto que casi le ahogó, en términos que Cristiano ya empezaba a desesperar de su vida; pero quiso Dios que, en el momento de dar el golpe de gracia, Cristiano, con sorprendente ligereza, asió la espada del suelo y exclamó: —No te huelgues de mí, enemigo mío, porque aunque caigo he de levantarme —y le dio una estocada mortal que le hizo ceder, como quien ha recibido el último golpe. Al verlo Cristiano, cobra nuevos bríos, acomete de nuevo, diciendo: —Antes en todas estas cosas somos más que vencedores por medio de Aquel que nos amó.

Apolión abrió entonces sus alas de dragón, huyó apresuradamente y Cristiano no le volvió a ver más por algún tiempo.

Durante este combate, nadie que no lo haya visto y oído, como yo, puede formar idea de cuán espantosos y horribles eran los gritos y bramidos de Apolión, cuyo hablar era como el de un dragón y, por otra parte, cuán lastimeros eran los suspiros y gemidos que lanzaba Cristiano, salidos del corazón. Larga fue la pelea y, sin embargo, ni una sola vez vi en sus ojos una mirada agradable, hasta que hubo herido a Apolión con su espada de dos filos; entonces sí, miró hacia arriba y se sonrió. ¡Ay! Fue este el espectáculo más terrible que yo he visto jamás.

Concluida la pelea, Cristiano pensó en dar gracias a Aquel que le había librado de la boca del león, a Aquel que le auxilió contra Apolión. Y puesto de rodillas, dijo:

Beelzebub se propuso mi ruina,
Mandando contra mí su mensajero

A combatirme con furiosa inquina,
Y me hubiera vencido en trance fiero;
Mas me ayudó quien todo lo domina,
Y así pude ahuyentarle con mi acero.
A mi Señor le debo la victoria,
Y gracias le tributo, loor y gloria.

John Bunyan fue un hombre de fe, un fiel cristiano que sufría de una enfermedad mental llamada neurosis obsesiva compulsiva, pero que más allá de esto ha sido y sigue siendo de bendición aun hoy en día, porque sus escritos son de inspiración para muchos cristianos.

Dante Gebel (pastor, conferencista, actor, productor, escritor, cantante y conductor de radio y televisión)

Nació el 6 de julio de 1968 en la localidad de San Martín (Buenos Aires, Argentina) y es el menor de los cuatro hijos de Federico Gebel y Nelly Stokle. Estudió para técnico electrónico en la Escuela Técnica Werner von Siemens (Buenos Aires).

Recibió a Cristo como su salvador en su infancia y comenzó a predicar a los 19 años.

Hoy Gebel es reconocido en el mundo hispano como uno de los oradores más extraordinarios enfocados en la juventud y la familia, capaz de conducir al público desde las risas hasta las lágrimas con las fascinantes narraciones de las historias bíblicas. Actualmente, sus mensajes son transmitidos vía *streaming* a todo el mundo (a un promedio de dos millones de hogares cada semana) y sus mensajes son seguidos en las redes por cuatro millones de seguidores en Facebook, un millón en Instagram y más de un millón y medio de suscriptores en sus dos canales de YouTube.

De la limitación a la fortaleza

Las condiciones de Gebel desde que nació eran totalmente adversas: en lo familiar, con su padre alcohólico y su madre enferma de cáncer desde su gestación; en lo personal, con síndrome de Asperger; y en lo social con burlas, críticas y desprecio. Nada de esto haría suponer la notoria persona que es hoy. Esta limitación social generó en él el hábito de leer, escribir, dibujar y redactar, que fueron habilidades compensatorias al hecho de no poder hablar en público.

A los 16 años, trabajando en un taller de carpintería, tiene un serio accidente al meter su mano en una cepilladora de madera y deben volver a injertarle dos dedos de su mano derecha (esto se debe a la torpeza de movimientos, falta de agilidad y mala motricidad características de muchas personas con síndrome de Asperger). El mismo Dante Gebel escribió el 24 de abril de 2014 en Facebook:

Soy este niño de ojos tristes, profundos y melancólicos. No he logrado encontrar una sola foto mía de pequeño riendo o siquiera sonriendo; quizás porque mamá estaba por morir de cáncer desde que nací y papá era alcohólico, tal vez por mi tartamudez o mi grado de autismo leve... o ambas cosas. Las maestras decían que yo era «introvertido», «depresivo», o como en aquellos tiempos se resumía, «un niño muy triste». Ambas cosas. Pero un buen día, Dios decidió que me haría reír por el resto de mi vida y que él reiría conmigo...

Tuve que lidiar con un síndrome de Asperger que me limitaba en la forma en que me relacionaba con las demás personas; no podía entender las palabras de doble sentido o el sarcasmo, y las personas se burlaban de mí; sin embargo, todo eso no impidió que Dios me usara, y estoy seguro de que tampoco lo impedirá contigo.

Nuestro potencial no depende de lo buenos que somos y lo que podemos alcanzar por nuestras fuerzas, sino de un Dios grande que tenemos y que es capaz de sobreponerse a nuestras debilidades para cumplir su propósito en nuestra vida.

En otra oportunidad escribió: «*La iglesia debería ser el sitio más auténtico del planeta. La iglesia es para gente rota, para gente con problemas, donde uno es transformado por el Señor; algunos quedan en* cuidados intensivos, en terapia, otros cambian rápido... Lo dice la Palabra: vamos creciendo conforme a la estatura de la plenitud de Cristo»[5].

Pablo dice en Filipenses 1:12: «*Hermanos, quiero que sepan que lo que me ha pasado ha ayudado a anunciar el evangelio*». Esta es una verdad en la vida de Dante Gebel. Y fue así: Dios usó su trastorno neurológico para bendición de millones de personas, muchas de ellas jóvenes, para que pudieran llegar a conocer a Cristo como salvador. Es notable ver en el pastor Gebel su preocupación por anunciar el evangelio a la mayor cantidad de gente posible.

Uno de los aspectos a destacar en el pastor Gebel es que Dios le ha dado una excelente memoria, es inteligente y analítico, además de poseer una gran facilidad para expresar ideas verbalmente. Dios lo utiliza con sus brillantes capacidades cognitivas, pudiendo domingo tras domingo dar un mensaje claro, ungido, contextual y poderoso que alcanza a cerca de un millón de personas a través de las distintas plataformas y por más de una hora, sin el uso de notas y sin repetir el mismo contenido en un segundo servicio. Sus capacidades cognitivas no están afectadas; de hecho, en ciertas áreas presenta habilidades especiales y superiores a las de los demás.

Los que presentan este trastorno suelen ser personas muy cumplidoras, nobles y leales. Dante Gebel desde su juventud ha sido leal al llamado del Señor Jesucristo de llevar su nombre a las naciones, y sus habilidades específicas superiores fueron puestas en las manos de Dios para realizar una obra que otros en las mismas condiciones no podrían hacer.

Dios puede ayudar a desarrollar el máximo potencial de todos sus hijos que son fieles y entregan sus vidas en sus manos para servirle, más allá de su patología mental. Y repitiendo una de sus frases, «¡¡¡Alguien tiene que decir amén!!!».

---

5. Dante Gebel – La iglesia debería ser el lugar más auténtico. diariolibre.com - https://bit.ly/3u6NxQ8

Robert Schumann (músico y compositor)

Nació en 1818 en Alemania y es considerado uno de los más importantes músicos del romanticismo musical. Compuso cuatro sinfonías, escribió música coral y religiosa, música de cámara y música para piano.

Este famoso compositor musical fue inspirado en su producción artística a través de severas turbulencias emocionales y presentó altibajos psicológicos que alternaban períodos de intensa creatividad con fases o momentos depresivos. Vemos entonces que una marcada inestabilidad emocional no fue una limitación para que se consagrara como uno de los grandes músicos de todos los tiempos. ¿Podría haber logrado tanto si no hubiera padecido estos síntomas?

Estos vaivenes anímicos que podríamos describir hoy como un trastorno bipolar comenzaron desde su juventud. Esta enfermedad fue heredada de su madre, a quien los biógrafos describen como nerviosa y anormalmente sensitiva. Al parecer, con el nacimiento de Robert sufrió un trastorno emocional del cual no se recuperó. Esto influyó también en su hermana Emilia, que se suicidó cuando Schumann tenía 16 años.

Fue crítico musical firmando sus artículos en el periódico Neue Zeitschrift con dos nombres imaginarios: *Florestan* y *Eusebius*, proyectando en ellos sus extremos conflictivos: el impulsivo, enérgico y alegre Florestan contrastaba fuertemente con el introvertido, melancólico y ensimismado Eusebius. En una oportunidad, cuando atravesaba un período depresivo, escribió: «El martes durante todo el día y la noche han sido las horas más horrorosas de mi vida. Fue algo terrible. Por la tarde llegó una bondadosa carta de Clara (su esposa) pero no me sirvió de consuelo. Un momento más y no hubiera podido soportar aquella noche. No pude cerrar un ojo. Dios me libre de morir así». Vemos así cómo consideraba la posibilidad de un suicidio.

Uno de los momentos más prolíficos y productivos fue cuando atravesaba una fase de excitación psíquica: compuso 136 de los 246 *lieder* de toda su carrera (canción característica del romanticismo alemán, escrita para voz y piano, y cuya letra es un poema lírico) en el breve periodo de un año. «Desde ayer a la mañana he escrito 27 páginas de música, de las que solo puedo decir esto: mientras las componía, reí y lloré de alegría». Estaba transitando una fase maníaca de su enfermedad.

En un cuadro depresivo profundo salió llorando de su casa con la intención de suicidarse en el río Rin, pero unos pescadores frustraron ese intento, por lo que fue internado en una clínica para insanos en Endenich. Tras pasar dos años en ese lugar falleció a los 46 años; estaba transitando una fase depresiva de su enfermedad.

Artistas y enfermedad bipolar

Desde la antigüedad y hasta nuestros tiempos, el fenómeno del trastorno bipolar ha llamado la atención de los estudiosos de la psiquis como una singular alternancia entre estados de ánimo que hacen oscilar dramáticamente a la persona entre el entusiasmo y el desaliento.

Es frecuente ver este trastorno en personas que se vinculan al mundo del arte, probablemente porque es un medio adecuado para expresar intensas emociones y sentimientos. Sea por la personalidad de los artistas o por la naturaleza misma del arte, el trastorno bipolar o maníaco depresivo ha estado presente con diferentes matices e intensidades entre los creadores de todo tipo y a través de todas las épocas.

En cierta forma, las personas con capacidades artísticas experimentan una clase de vivencia de mayor intensidad que el común de los seres humanos, y a menudo presentan bruscas oscilaciones entre estados exaltados y depresivos. Los artistas generalmente expresan una amplia gama de experiencias y sensaciones límites que aprovechan para realizar sus creaciones, pero como contrapartida pueden hundirse en la depresión y llegar al suicidio en algunos casos.

Hay una larga lista de artistas, pintores, escritores y músicos que fueron víctimas del trastorno bipolar, entre los que encontramos a Kurt Cobain, cantante, músico y principal compositor de la banda Nirvana y uno de los músicos de *rock* más influyentes en la historia de la música, que se suicida de un balazo en la cabeza; Charles Baudelaire, poeta, ensayista y crítico de arte, de gran influencia en el simbolismo francés; Ernest Hemingway, escritor y periodista, uno de los principales novelistas y cuentistas del siglo XX, quien ganó el premio Pulitzer por *El viejo y el mar* y al año siguiente el premio Nobel de literatura por su obra completa; la actriz Vivien Leigh, galardonada con dos premios Oscar a mejor actriz y que protagonizó papeles en *Lo que el viento se llevó* y *Un tranvía llamado deseo*; Tim Burton, director de cine, productor y escritor, entre sus películas se encuentran *Batman* y *Charlie y la fábrica de chocolate*; León Tolstoi, considerado uno de los escritores más importantes de la literatura mundial, cuyas obras más famosas son, *La guerra y la paz* y *Anna Karenina*.

Personas notorias de la Biblia

El rey David

En su adolescencia fue un valiente pastor de ovejas, en su juventud fue salmista y a los 30 años rey de Israel. Fue uno de los reyes más importantes de la historia de Israel, quien unificó el territorio de Judá e Israel. Fue un guerrero valiente y un líder notable y reinó siete años sobre Judá y cuarenta años sobre Israel. La Biblia dice que fue una persona conforme al corazón de Dios (Hechos 13:22): «*Dios lo quitó [a Saúl] y puso en su lugar a David, hombre de quien Dios mismo dijo: 'David, hijo de Isaí, es un hombre conforme a mi corazón y me obedecerá'*».

Las situaciones o períodos angustiantes y estresantes que David atravesó fueron varios y por un tiempo prolongado: fue perseguido por el rey Saúl —de quien sufrió varios intentos de asesinato—, y ya siendo rey sintió la profunda culpa de haber pecado, sus hijos lo traicionaron y algunos de ellos murieron o mataron a sus hermanos. Cada experiencia refleja que su vida fue muy dura, y esto tuvo un gran impacto en sus emociones, que están reflejadas en la letra de los salmos que escribió.

Expresando su depresión, escribió en varios salmos sus sentimientos: en Salmos 32:3-4 dice: «*Hubo un tiempo en que yo rehusaba reconocer lo pecador que era. Pero era yo débil y miserable y gemía todo el día. Día y noche su mano pesaba sobre mí. Mi fuerza se evaporaba como agua en día de sol*». Expresaba las palabras «débil y miserable» describiendo la pérdida de fuerza, el desgano y la apatía que sentía; «gemir todo el día» es estar llorando todo el día, lo cual es un síntoma de la depresión; «mi fuerza se evaporaba […]» es sentirse seco por dentro, vacío y agotado, otro síntoma común de la depresión.

En Salmos 38:4 dice: «*Mis culpas me abruman; son una carga demasiado pesada de llevar*». Allí menciona la culpa que pesa sobre su vida (los sentimientos de culpa son otro síntoma común de la depresión). Luego, en Salmos 38:6 leemos: «*Estoy encorvado y corroído de dolores. Mis días están llenos de angustia*» y en Salmos 143:7: «*Ven pronto, Señor, y respóndeme, porque cada vez me deprimo más; ¡no te apartes de mí, o me muero!*».

David se pregunta en medio de su cuadro depresivo en Salmos 42:11: «*¿Por qué voy a desarmarme y estar tan triste? Volveré y lo alabaré. ¡Es mi Dios y mi Salvador!*». En este versículo se cuestiona sobre sus sentimientos depresivos, decide no quedarse en esa situación y volverse a Dios para alabarlo. La conducta de David de hablarse a sí mismo y preguntarse qué está pasándole es muy positiva, ya que la persona depresiva necesita hablarse en vez de dejar que sus sentimientos le hablen y gobiernen su mente.

David no pierde su fe y confianza en el Señor, y sus oraciones con frecuencia van acompañadas de expresiones de dolor envueltas en llanto. Preguntas como: ¿por qué me siento culpable?, ¿por qué me aíslo?, ¿por qué me siento rechazado?, ¿cuáles son mis actitudes erróneas?, ¿qué necesito cambiar? son de gran valor para evaluar el estado de ánimo. Así lo entendía David cuando escribió el Salmo 139:23-24, que dice: «*Examíname, Dios, y conoce mi corazón; pruébame y conoce mis pensamientos. Señálame lo que en mí te ofende, y guíame por la senda de la vida eterna*». Aquí el salmista, en un tiempo de reflexión íntima con el Señor su Dios, le pide que confronte con él sus pensamientos y busca en Dios el discernimiento de por qué se siente así.

Este es un claro ejemplo de que una persona que sufre períodos de depresión puede ser un fiel creyente, porque tiene su fe puesta en el Dios vivo y verdadero, y de que una persona con un rol de mucha importancia (un rey) puede no tener una muy buena salud mental y aun así seguir siendo muy útil en su radio de influencia.

El profeta Elías

Elías fue un importante profeta en la historia de Israel que tuvo un enfrentamiento con los profetas de Baal. Tras una serie de ritos y sacrificios, ellos no pudieron demostrar el poder de su dios, y cuando fue el turno de Elías, él probó ante todos que Dios es el único y verdadero Dios. Pese a que esta experiencia fue exitosa, una vez que terminó, la reina Jezabel lo amenazó de muerte y tuvo que huir; fue entonces cuando Elías se hundió en una profunda angustia y depresión. En esos momentos se sentía tan afligido y temeroso que le pidió a Dios que le quitara la vida (esta historia se encuentra en 1 Reyes 18-19 y nos da una idea de lo mal que se sentía).

Vemos que después de una situación de mucha valentía y decisión, sufre un desgaste emocional y físico que lo lleva a estar temeroso y vacilante. Elías conoció tanto el poder de Dios como los síntomas de la depresión.

Si estás atravesando un cuadro depresivo con ideas de ruina y baja autoestima, debes saber que la Biblia nos dice que Elías era una persona como nosotros, que más allá de haber realizado milagros y proezas en el nombre de Dios, era también una persona que podía enfermarse. El poder de Dios también se manifestó, en otra oportunidad, a pesar de la enfermedad de Elías; solo nos resta hacer como él y orar con fervor. Santiago 5:17 nos dice que «*Elías era un hombre con debilidades como nosotros, pero oró con fervor para que no lloviera, y no llovió sobre la tierra durante tres años y medio*». Pero cuando sufre el cuadro depresivo se aísla, se aparta de todos, y va a un lugar donde no había nadie; pierde todas sus energías, estaba fatigado emocionalmente, siente lástima de sí mismo, presenta un sueño excesivo, se retrae y solo quiere estar en la cama. Totalmente desanimado, distorsiona la realidad creyendo que era el único que estaba en problemas, y presenta además ideas de muerte.

> **Elías conoció tanto el poder de Dios como los síntomas de la depresión.**

¡Qué contraste entre el deseo de morir en ese momento —producto de su síntoma depresivo— con su verdadero final en esta tierra cuando es arrebatado por Dios para llevarlo al cielo sin ver la muerte física! (2 Reyes 2).

Noemí

Noemí estaba casada con Elimélec y vivían en Belén de Judá. Debido a una hambruna, se mudó a Moab con su esposo y sus dos hijos varones, pero en el lapso de diez años, después de haberse casado sus hijos con Orfa y Rut, mueren su esposo y sus dos hijos sin dejar descendencia. Noemí regresa a Belén con su nuera Rut, que permanece con ella. Se ha comprobado que el duelo y la inmigración pueden ser causa de depresión, y perder esposo y dos hijos en breve tiempo es un duelo muy difícil de superar, mucho más estando en un ambiente desconocido. Noemí no fue la excepción.

El nombre Noemí significa *dulce*, y probablemente, antes de haber vivido toda esta pérdida era una mujer dulce, alegre y optimista.

Cuando regresó a su tierra natal desde Moab, los habitantes apenas la reconocieron preguntaban: «¿No es esta Noemí? Probablemente la vieron totalmente distinta, encorvada, arrugada, con el ceño fruncido, viéndose en su rostro los síntomas de la depresión; había envejecido más que por el mero paso del tiempo. Eso no puede esconderse.

Su alma estaba en tan grande duelo que le pide a los que la reconocen que no la llamen más Noemí sino Mara, que significa «amarga». Rut 1:20 dice: «*Pero ella contestaba: —No me llamen Noemí. Llámenme Mara […], porque el Todopoderoso me ha dado gran amargura*».

Su petición refleja que su corazón estaba lleno de tristeza y amargura por las experiencias que le había tocado vivir.

También la depresión lleva a una distorsión de la comprensión de Dios, de su cuidado y su propósito; ella dice en Rut 1:21: «*Salí de aquí llena y el Señor me ha devuelto vacía. ¿Por qué habría de llamarme Noemí cuando el Señor me ha vuelto la espalda y me ha enviado tal calamidad?*». Noemí veía a Dios como alguien que le había vuelto la espalda, y el responsable de haberle enviado tal calamidad. Sentir a Dios lejano y aun hacerlo cargo de pérdidas o infortunios es un síntoma más de un cuadro depresivo severo; además, este es un ejemplo de vida en la que una persona que tiene fe en Dios puede tomar buenas y adecuadas decisiones incluso cargando sobre sus hombros un cuadro depresivo. Ella decide volver a su tierra.

Noemí nos muestra que un cristiano deprimido puede no seguir ensimismado en su dolor y pensar que de alguna manera puede bendecir a otros, así como Noemí lo hizo con su nuera Rut. A las personas que atraviesan un tiempo de depresión por duelo, el brindarse a otros por amor los ayuda a superar su dolor.

> **A las personas que atraviesan un tiempo de depresión por duelo, el brindarse a otros por amor los ayuda a superar su dolor.**

Normalmente, un depresivo se retrae del trato social, se aísla, no piensa en los demás y solo está ensimismado en su propia queja, pero esta no fue la actitud de Noemí, sino que se abrió a Rut y pensó cómo poder ayudarla y bendecirla. La aconsejó y guio en una estrategia para encontrarse con su pariente Booz y salir de su situación de vulnerabilidad por ser mujer, extranjera y viuda. Esta actitud fue una de las vías de resolución del cuadro depresivo de Noemí.

Job

Job era una persona sumamente acaudalada, con siete hijos varones y tres hijas mujeres, felizmente casado y con varios empleados que trabajaban para él. Se nos dice que era un hombre temeroso de Dios, intachable e íntegro; en otras palabras, un cristiano fiel y verdadero. En Job 1:1 leemos que «*En la tierra de Uz vivía un hombre llamado Job, hombre bueno que temía a Dios y se abstenía de lo malo*».

¿Puede una persona así enfermarse y perder todo lo que tiene?

En algunos está la fantasía de que llevar una vida recta delante de Dios preserva de enfermedades y calamidades. Cuando llegan los problemas, algunos comienzan a dudar del amor y el cuidado de Dios y se preguntan el porqué de esto. El relato de las experiencias de

Job nos enseña que los buenos también pueden sufrir, y que frente a las enfermedades debemos tener paciencia y mantenernos firmes como dice Santiago 5:11: «*En verdad, consideramos dichosos a los que se mantuvieron firmes. Ustedes han oído hablar de cómo Job se mantuvo firme y han visto lo que al final le dio el Señor. Es que el Señor es muy compasivo y misericordioso*».

Job perdió sus hijos, sus bienes y sus riquezas, y además contrajo una enfermedad que en ese tiempo no tenía cura. Algunos de sus amigos intentaron animarlo, pero terminaron por acusarlo de ocultar un pecado que le había causado todo ese mal; aun así, Job nunca se atrevió a negar ni rechazar a Dios. Durante ese tiempo se hizo muchas preguntas y llegó a un punto en el que deseó no haber nacido (el desear la muerte es una manifestación de depresión), y lo encontramos en Job 3:3-4: «*Maldito sea el día en que nací —dijo— y la noche en que fui concebido. Que ese día se vuelva oscuridad; que Dios en lo alto no lo tome en cuenta; que no brille en él ninguna luz*».

> **Atravesar enfermedades o situaciones difíciles no es vergonzante, y no en todos los casos tiene que ser como resultado de algún error o pecado.**

Dios permitió que Job pasara por esas experiencias extremadamente duras y dolorosas, las que finalmente lo conducirían a entablar una relación con Él mucho más íntima y real, como cuando expresa en Job 42:5 lo siguiente: «*Pero ahora yo digo. Había oído hablar de ti, pero ahora te he visto*». Este es un vivo ejemplo de un cristiano que pasa por circunstancias muy difíciles y se mantiene firme en la fe.

Muchos, al igual que Job, están pasando por situaciones y experiencias muy difíciles, de pérdidas, de enfermedad, de gran angustia, en depresión o ansiedad, con fobias o abatimientos, y muchos están temerosos o se sienten indefensos. ¿Hay respuestas para ellos?

Muchas de estas respuestas las encontramos en Job; en él vemos a un hombre que a pesar de todo siguió confiando en Dios, quien está presente aun en los problemas de salud mental. Seguir confiando en Él, sea que lo entendamos o no, es la clave para seguir adelante. Siempre se puede encontrar a Dios en medio de la enfermedad y llegar a decir como Job «*Había oído hablar de ti, pero ahora te he visto*».

Atravesar enfermedades o situaciones difíciles no es vergonzante, y no en todos los casos tiene que ser como resultado de algún error o pecado. No encontramos ninguna culpa o causa de pecado en la vida de Job o en la de su familia para que le haya pasado todo lo que le sucedió; las enfermedades pueden venir, las pérdidas económicas o de vidas también —aun en las mejores familias—. Hay casos, al igual que este, en los que el propósito del sufrimiento en la vida de sus hijos es para la gloria de Dios y la vergüenza de Satanás.

El profeta Jeremías

Jeremías fue un profeta hebreo, hijo de un sacerdote, que profetizó durante los reinados de tres reyes (Josías, Joaquín y Sedequías) llevando el mensaje de que serían conquistados por Babilonia por haberse apartado de Dios. Fue un hombre fiel y temeroso de Dios destinado a ser profeta desde el vientre de su madre. Su vida tenía una misión clara.

Padeció dolores y angustias por un pueblo obstinado que rechazaba el mensaje que Dios le enviaba a transmitir; sufrió difamaciones y calumnias totalmente injustas y mentirosas, fue encarcelado y sentenciado a muerte, y solía angustiarse en sus discursos hasta las lágrimas por un pueblo rebelde y sordo al mensaje de Dios, quien le había encomendado llevar su mensaje a la gente, pero nadie le hacía caso. Vivía solo, no se menciona familia alguna y sufría permanente rechazo y escarnio.

Ya hastiado (síntoma de fatiga emocional), le dice al pueblo en Jeremías 44:25: «*El Señor de los ejércitos, el Dios de Israel, dice: Tanto ustedes como sus esposas han dicho que jamás renunciarán a su devoción y práctica de rendir homenaje a la «Reina del Cielo» y así lo han demostrado con sus actos, ¡Pues adelante; cumplan las promesas y votos que le han hecho!*» (esto decía en referencia a los dioses egipcios).

Jeremías se hundió emocionalmente. Sentía que su tarea era infructuosa y llega a exclamar en Jeremías 15:17-18: «*No he participado de los alegres festines del pueblo, más bien me he apartado de ellos enojado por sus malas conductas, lleno de indignación. ¿No dejarán jamás de perseguirme? ¡Es que a veces siento que no hay remedio para mis males y en ocasiones te siento indiferente a mi dolor!*».

Aislamiento social, enojo, indignación, frustración, pérdida de toda esperanza, y aun el percibir a Dios como indiferente a su dolor, nos muestran que estaba transitando por un cuadro de fatiga emocional, que es un estado de agotamiento psicofísico crónico por un exceso de exigencias personales y un estrés prolongado. El paciente que lo padece tiene la sensación de estar emocionalmente exhausto y agotado; sabiendo esto, podemos comprender a Jeremías cuando con su ánimo destrozado maldijo el día de su nacimiento y se pregunta la razón de su existencia. En Jeremías 20:14-18 dice: «*¡Maldito el día en que nací! ¡Para nada sea recordado con alegría el día que mi madre me dio a luz! ¡Maldito sea aquel mensajero que le avisó a mi padre de mi nacimiento! ¡Que a ese mensajero le pase como a las ciudades de la antigüedad que Dios destruyó sin misericordia! Ahora deseo haber nacido muerto, siendo el vientre de mi madre mi tumba y así no haber tenido que pasar por todo lo que he pasado. ¿Pues para qué nací? Porque mi vida sólo ha sido angustia, dolor y vergüenza*».

Lejos de ser el profeta llorón —como algunos dicen de él— es un hombre fiel, fuerte y valiente, que con constancia y obediencia entregó el mensaje que Dios le dio, a pesar de las circunstancias que le tocó vivir.

Jonás, el predicador

Jonás, profeta durante el reinado de Jeroboam, recibe la indicación de Dios de predicar en Nínive, la capital de Asiria, una ciudad muy grande de unos 120.000 habitantes: «*El Señor envió este mensaje a Jonás, hijo de Amitay: «Ve a la gran ciudad de Nínive y anúnciale que la voy a destruir, porque su maldad ha quedado completamente evidente ante mí*» (Jonás 1:1-2).

Debía avisar a sus habitantes que la ciudad sería destruida en cuarenta días por el pecado que había en ella, pero él desoye esa indicación y toma un barco para ir en el sentido opuesto a la ciudad de Nínive. El negarse a cumplir la voluntad de Dios lo hizo pasar por una situación donde está al borde de perder la vida, cuando es tragado por un gran pez luego de ser echado al mar del barco que había tomado para huir de Dios (para cualquier persona, esto sería una situación que genera un estrés severo).

Después, rescatado por Dios de ese estado, recibe nuevamente la indicación de ir a predicar a los habitantes de Nínive. Dios sabía que Jonás era el indicado para esta misión y que no había otro con características de personalidad como las de él; ahora obedece, aunque no de buena gana, y con un gran esfuerzo debe predicar que la ciudad sería destruida por Dios en cuarenta días. Nínive era una ciudad enemiga del pueblo de Israel y que Jonás aborrecía; los asirios eran brutales, masacraban a sus enemigos, mutilaban a sus cautivos, quemaban a la gente viva, desmembraban y decapitaban a los que tomaban como prisioneros.

Contrariamente a los deseos de Jonás, los resultados de esa prédica fueron sorprendentes y toda la ciudad se arrepintió; incluso su rey, en una actitud de humillación, ordena que toda la ciudad ayune para apartar la ira de Dios. Es una situación inédita: toda una ciudad se arrepiente y Dios no cumple su advertencia. Para lograr eso, Jonás debió haberse esforzado muchísimo, y recorrido sus aldeas por tres días proclamando que Dios estaba decidido a destruirlos si no se arrepentían de sus malos caminos. Predicar y advertir del castigo de Dios a un pueblo que él no amaba y lograr un resultado que no quería (la salvación y misericordia de Dios para un pueblo enemigo) lo enojó muchísimo, y aceptarlo fue muy difícil para él. Seguramente esperaba de Dios juicio y castigo para ellos, y en cambio fue el instrumento divino para que alcanzaran misericordia.

En poco tiempo, Jonás atravesó un conjunto de eventos que lo llevaron a decir, en momentos de enojo y gran frustración: «*Señor, es mejor que me mates; prefiero la muerte antes que la vida, porque nada de lo que les anuncié ocurrirá*» (Jonás 4:3). Estaba enojado y deseaba morirse por la gran salvación que Dios había otorgado a

> **Podemos postular que Jonás era una persona que tenía un trastorno límite de la personalidad.**

la ciudad de Nínive; más tarde, vuelve a tener el mismo sentir cuando Dios le seca la planta que había hecho crecer y que lo cubría del sol, y frente a un calor abrasador nuevamente se enoja muchísimo en Jonás 4:9: «*¿Crees que es justo que te enojes tanto porque se secó la planta? —le preguntó Dios a Jonás. —¡Claro que sí es justo! —respondió Jonás—. Es tanta la rabia que tengo, que prefiero la muerte*».

Jonás reacciona así porque se seca una planta que le daba sombra ante un sol ardiente; la dimensión de la respuesta no condice con el motivo de esta.

Podemos postular que Jonás era una persona que tenía un trastorno límite de la personalidad, pero vayamos por partes para fundamentar esta idea.

¿Cuáles son los síntomas del trastorno límite de la personalidad?

- Mantiene una relación intensa e inestable con los demás, que lo hace cambiar de una relación cercana y amorosa a un rechazo o ira extrema.
- Autoimagen o sentido de identidad distorsionada e inestable.
- Comportamientos impulsivos, y con frecuencia arriesgados.
- Comportamientos autodestructivos, ideas de suicidio o de amenazar con suicidarse.
- Ánimos intensos y muy cambiantes con episodios que duran desde unas pocas horas hasta varios días; ira intensa e inapropiada, o problemas para controlar la ira.
- Dificultad para confiar en otros, que a veces va acompañada de un miedo irracional a las intenciones de otras personas.

Podemos identificar en la personalidad de Jonás muchos de estos síntomas que el relato bíblico nos muestra: desborde emocional, comportamiento impulsivo y arriesgado hasta llegar a desear la misma muerte (una vez les dijo a los marineros que lo tiren al mar a una muerte segura, y dos veces le pide a Dios que le quite la vida).

Jonás es una persona de carácter fuerte y de voluntad firme, difícil de convencer, de gran coraje, frontal, franco, sincero; no esconde su condición, y lo vemos en Jonás 1:9-12: «*Soy hebreo, soy devoto del Señor, el Dios del cielo, quien hizo el mar y la tierra. Lo que está sucediendo es por mi culpa, pues trato de huir de la presencia de Dios —les respondió. Los hombres se asustaron mucho cuando oyeron esto, y le preguntaron: —¿Por qué lo hiciste? Dinos, ¿qué debemos hacer contigo para detener la tormenta? Porque el mar se embravecía más y más.*

Arrójenme al mar —les dijo— y el mar se aquietará nuevamente. Porque yo sé que esta tormenta ha venido por mi culpa».

Por cómo actúa, vemos que es decidido, temperamental y que conoce a Dios íntimamente, manteniendo una relación intensa y cambiante con Él. Pasa desde un reconocimiento de su amor y soberanía a un enojo muy grande por lo que había hecho, y puede expresar en el vientre del pez: «*Los que confían en dioses falsos no saben lo que se están perdiendo; desprecian el inmenso amor de Dios. Pero yo para siempre te rendiré homenaje y te ofreceré sacrificios rituales en agradecimiento por lo que has hecho por mí. Cumpliré las promesas que te hice. ¡Solamente el Señor me puede salvar!*» (Jonás 2:8-9).

Además de esto, era una persona iracunda, decidida y firme; personas así rara vez están dispuestos a admitir que alguna de sus creencias es errónea, y les resulta difícil ser convencidos. Dios debe quebrarle la voluntad para que obedezca y cumpla su misión, lo lleva a pasar tres días en el mar dentro de un gran pez y cumple la misión más extraordinaria de su época; es la persona que más gente llevó al arrepentimiento, la conversión y al reconocimiento del Dios vivo y verdadero. Algo similar vemos en el Nuevo Testamento con el apóstol Pablo, quien con furia, gran decisión y mucho enojo salió camino a Damasco para exterminar a los cristianos, pero en el camino queda tres días ciego, a través de lo cual Dios le quiebra la voluntad y lo transforma en un siervo tan útil en sus manos como ningún otro de su época, llevando el evangelio a todo el mundo conocido.

¿Puede Dios utilizar a una persona, de carácter tan fuerte, que se enoja tanto y puede llegar a desobedecerlo? Sí, puede hacerlo. Por otro lado, ¿cómo se convierte a un pueblo de 120.000 habitantes a través del mensaje de una sola persona que grita por la calle durante tres días? Con el mensaje de un hombre como Jonás.

Jonás 3:4 nos dice que cuando entró el primer día a la ciudad y comenzó a predicar, el pueblo se arrepintió de sus malas obras. Jonás pregonaba con voz potente el mensaje de Dios, y el resultado fue lo que leemos en Jonás 3:5-9: «*Los ninivitas creyeron el mensaje que Dios les enviaba y decidieron ayunar. Desde el más encumbrado hasta el más pobre se vistieron con ropas de luto, es decir, con ropa áspera y tosca, en señal de arrepentimiento. Cuando el rey de Nínive supo lo que Jonás estaba predicando, bajó del trono, se quitó las ropas reales, se vistió también con ropa áspera y se sentó sobre la ceniza. Luego el rey y sus nobles enviaron este mensaje a toda la ciudad:* «*Que nadie, incluidos los animales, coma nada ni beba agua. Todos deben vestirse con ropas ásperas, de luto, clamar de todo corazón a Dios y dejar su mal comportamiento, la violencia y el robo. Quizás Dios tenga misericordia, deje de estar enojado con nosotros y nos permita seguir viviendo*»».

> ## Dios utiliza a un hombre de personalidad difícil como Jonás, insiste con él, porque comprende su corazón y las características de su personalidad.

Para lograr este resultado, probablemente Jonás predica a los gritos muy indignado diciéndoles que todos iban a morir (algo que él deseaba íntimamente), de tal manera que toda la ciudad entendió a través de un encendido mensaje el enojo de Dios por sus pecados. Entendieron la ira feroz de Dios a través de la ira feroz con que Jonás les predicaba, y lo más probable es que no haya sido un mensaje de amor o misericordia; de hecho, fue un mensaje que generó mucho temor.

Dios utiliza a un hombre de personalidad difícil como Jonás, insiste con él, no se cansa de él y le da una segunda oportunidad, porque comprende su corazón y las características de su personalidad; quizás fue este el motivo por el cual lo eligió para tamaña misión.

Gracias, querido Dios, porque te dignas usar a tus siervos fieles a pesar de sus problemas, temperamentos y enfermedades, y los tratas con tu amorosa comprensión y amor incondicional.

Capítulo 6

Pautas para conservar y mejorar la salud mental

En 3 Juan 2 leemos: «*Querido hermano, ruego a Dios que en todo te vaya bien y que tu cuerpo esté tan saludable como lo está tu alma*».

Dios quiere que estemos bien y que tengamos salud, no solo en el cuerpo sino en todo nuestro ser. Como profesionales de la salud entendemos que la parte psicológica y mental del ser humano es tan importante como todo lo demás; si estamos bien con Dios, con nosotros mismos y con los que nos rodean, nuestro trabajo para el Señor será más fructífero.

> **El cuidado de la salud es nuestra responsabilidad en todas las etapas de la vida.**

El cuidado de la salud es nuestra responsabilidad en todas las etapas de la vida. Estar saludables nos ayuda a ejercer mejor los dones y capacidades en todos los roles que desempeñamos, nos ayuda a cumplir con el llamado y la misión que tenemos, por lo que la calidad de vida, nuestro servicio a Dios y nuestras relaciones se verán beneficiadas. En este capítulo describiremos algunos consejos que podemos poner en práctica para un mejor cuidado de nuestra salud mental (hace bien de vez en cuando hacer un alto en el camino de la vida y revisar cómo estamos).

La evaluación que verás a continuación es una lista que consta de veintiocho frases; si tú te identificas en quince o más de ellas, probablemente te halles bajo presión y deberías considerar algunos cambios en cuanto a tu estilo de vida, previniendo la posibilidad de enfermarte. Más adelante encontrarás algunos consejos para mejorar tu puntaje.

Evaluación de la salud emocional

Lee con detenimiento cada frase y marca las que identificas como propias.

> - Recibo más de 25 mensajes por día
> - Encuentro difícil relajarme y no hacer nada
> - Me pongo nervioso o irritado cuando tengo que esperar
> - No puedo estar quieto, muevo siempre alguna parte del cuerpo
> - Últimamente me siento más cansado de lo normal
> - He tenido frecuentes episodios de angustia
> - Tengo problemas para dormir
> - Me siento cansado al levantarme
> - Mis conocidos me dicen que pare un poco
> - Apresuro el discurso de los demás
> - Tengo dolores de cabeza y contracturas
> - Tengo palpitaciones, vértigo y mareos
> - Tengo micción frecuente (puede ser un indicador de ansiedad)

- Me siento emocionalmente agotado por el servicio
- Trato a algunos hermanos como si fueran objetos impersonales
- Tratar todo el día con mucha gente es un esfuerzo para mí
- Me he vuelto más insensible con los hermanos
- Me siento frustrado en el servicio
- Mi peso corporal varió en más o en menos durante este tiempo
- Creo que estoy trabajando demasiado
- Ministrar a otros me genera estrés
- Siento que los hermanos me culpan de algunos de sus problemas
- Me enoja cuando los hermanos no cambian
- Me siento culpable de la falta de crecimiento de los hermanos
- Ser querido es importante para mí
- Realizo las tareas más rápido y eficientemente que otros
- Me impacienta ver hacer cosas que yo haría más rápida y eficientemente
- Tengo dificultad para separar la vida personal de la familiar

Pautas:

1) Atender la propia salud

La salud es un fenómeno dinámico, fluctuante, que puede cambiar a lo largo de la vida. Todo pastor o líder de iglesia es vulnerable a la enfermedad, así también sus familias y los miembros de la congregación. Debemos preocuparnos por la salud, y más aún si estamos involucrados en la asistencia y ministración de otras personas, algunas de las cuales pueden estar enfermas mentalmente.

Hay aspectos entonces que deberían tenerse presentes. Por ejemplo, ¿cómo fueron las experiencias pasadas de enfermedad y de pérdida, así como en la familia y en las generaciones anteriores? ¿Es posible recordar cómo otros miembros de la familia de origen respondieron a ellas?

Todos hemos pasado por el sufrimiento, la enfermedad o la pérdida pues es una experiencia universal, pero no debemos esperar que todos respondan de la misma manera. Las enfermedades son distintas; las historias, los sistemas familiares son distintos y cada uno tiene una personalidad única.

Pregúntate cómo fuiste cuidado de niño cuando no te sentías bien o necesitabas ayuda, pues es común dar el mismo tipo de cuidados que uno ha recibido. Las experiencias positivas de sanidad y cuidado pueden ser excelentes recursos en los encuentros con otros que están enfermos. Si las experiencias fueron negativas, pueden ocultar resentimiento, sentimientos de culpa o de vergüenza por la falta de cuidado que se ha recibido en la temprana infancia.

Revisa si en tu vida o en tu historia familiar sobrellevas alguna carencia o enfermedad que no se resolvió adecuadamente, y te sientes molesto el tener que hablarlo; estas experiencias pueden hacer difícil el acercarse a otros que están sufriendo y pasando por problemáticas semejantes.

Debes conocer tus propios límites, pues esto es clave para un efectivo cuidado pastoral. Tú no eres ilimitado en el esfuerzo que puedes hacer (de lo contrario, serías soberbio); debes tener un adecuado autocuidado. Para poder cuidar a otros debes primero cuidarte a ti mismo. Por ejemplo, en los aviones: en caso de una despresurización, los adultos deben colocarse primero las máscaras de oxígeno, para así después poder ayudar a los niños y ancianos; si no te pones la máscara de oxígeno a tiempo, en solo quince segundos puedes presentar síntomas como fatiga, dolor de cabeza, cansancio, confusión de pensamientos y problemas de coordinación y no podrás ayudar al que tienes a tu lado. ¿No son estos síntomas semejantes a la fatiga emocional frente a las demandas del ministerio cuando no se tiene un equilibrio con el cuidado de la salud?

Muchos se sienten más cómodos dando cuidados que recibiéndolos. Algunos niegan sus propios conflictos porque el rol que desempeñan es el de ayudador y nunca el de necesitar ayuda. Si tú, pastor o ministro, eres visto por tu congregación como un fuerte pilar que es inmune a la pena y al sufrimiento, que nunca siente dolor y que siempre puede ayudar a todos, podrías estar en problemas.

Usualmente nos trazamos estándares muy altos, pensando que si tenemos el llamado de Dios todo estará bien y nunca habrá problemas, y esto de alguna manera se transmite y surgen así interrogantes como: «¿Cómo el pastor podría estar estresado o deprimido, o padecer un trastorno de ansiedad?». Aparecen entonces frases como estas: «Que no se entere nadie», «Que quede entre nosotros». Si esta actitud también deja afuera a profesionales de la salud que podrían ayudarte, un posible cuadro clínico podría agravarse. Además, el mostrarse siempre fuertes e inmunes a los problemas porque se tiene una relación íntima con Dios, hace que los miembros que también tienen una relación íntima con Dios y tienen problemas, se cuestionen sobre si en realidad tienen el mismo Dios que el pastor, y se sientan frustrados.

También se hace necesario repensar y chequear cuáles fueron tus ilusiones y expectativas al entrar al ministerio, y si estas no están cumpliéndose y boicotean tu estado de ánimo. El ministro de Dios lleva muchas cargas humanas sobre la espalda, muchas entrevistas en las que participar, mensajes que responder, mucha gente que entrevistar. Las personas desean que las escuches y que les hables, y quieren quedarse con tu consejo, tu conocimiento y tu bendición sin ser conscientes de los horarios o de la cantidad de tiempo que tú les dedicas. Estas tareas generan una alta demanda psicológica de la que tienes pocas posibilidades de tener control y autonomía: llamadas inesperadas, pedidos de auxilio, agendas que son interrumpidas por urgencias e imprevistos, reuniones que se extienden más allá de lo previsto generando un exceso de horas invertidas en el servicio, etc. Esta constante demanda puede llevarte a la fatiga y al cansancio de estar siempre con gente, y es por eso por lo que al llegar a casa puedes no tener deseos de jugar o interactuar con tus hijos o de hablar con tu esposa o esposo; solo está el deseo de estar en silencio. Toda esta situación no es saludable, y si a eso se suma el que tú o alguien de tu familia esté atravesando un problema emocional, ¿cómo lo enfrentas?

Quizás puedes sentir que no estás preparado para todo lo que tienes que decidir, o para absorber como una esponja todos los conflictos de la gente, y eso te genera más estrés. Muchos pastores y líderes en el tiempo de la pandemia de COVID-19 se esforzaron por ayudar a los miembros de la congregación y de la comunidad que estaban atravesando situaciones difíciles: cocinaron, entregaron bolsas y cajas con alimentos, los contactaron y los ayudaron en sus problemas con oración y consejería. Este esfuerzo produjo en algunos un deterioro de su salud, sufrieron un gran desgaste y cansancio físicos, trastornos del sueño y angustia. Aumentaron sus temores, su percepción de riesgo de contagio y del impacto que el COVID-19 podría tener en su vida personal y su familia. Estos datos coinciden con un estudio estadístico que analizó las consecuencias en la salud mental de quienes, por su empatía y sus actividades de ayuda social con sacrificio de objetivos individuales en pos del bien común, sobredimensionaron el riesgo de contagio e impactos negativos del COVID-19[1].

Aceptar las limitaciones propias, poner distancia y límite a quienes te invadan y pedir ayuda o delegar es una señal de fortaleza y

---

1. The price of prosociality in pandemic times. socialscience.nature.com - https://go.nature.com/3np1xkn

sabiduría. Ser humano es aceptar la vulnerabilidad; no debemos sentir vergüenza por necesitar ayuda.

Otra área que puede generarnos estrés y enfermarnos es el estar siempre preocupados por cubrir las necesidades económicas de la familia y la seguridad de un futuro económico, ya que la idea de tener una cobertura médica, contar con el ingreso de dinero mensual que cubra tus gastos cotidianos sin necesidad de endeudarte, y la seguridad de un ingreso cuando te retires, le darán más tranquilidad a su vida.

> **Aceptar las limitaciones propias, poner distancia y límite a quienes te invadan y pedir ayuda o delegar es una señal de fortaleza y sabiduría.**

Un tipo de relación muy negativa, que se ha incrementado mucho en el largo tiempo de pandemia y encierro, es la *codependencia,* por ejemplo, con miembros de la congregación. La codependencia surge cuando manifestamos una excesiva e inapropiada preocupación por las dificultades de otra persona, con una pérdida de la distancia interpersonal. En general, se trata de personas demandantes que entablan una dependencia contigo, mientras tú empiezas a sobreprotegerlas, indicándoles diariamente lo que deben hacer o dejar de hacer para estar mejor. Te sientes responsable de sus problemas o sentimientos, afligido cuando ves que no cambian, con enojo cuando no ponen en práctica tus consejos, culpable por la falta de avances en sus vidas espirituales, o deprimido y frustrado si llegaran a alejarse de ti o a irse a otra congregación. Por cuidarlos dejas de cuidarte a ti mismo y a tu familia, pues incluso el tiempo familiar se resiente. Te llaman en cualquier momento y pasas horas tratando de aconsejarlos en la solución de sus problemas; es un drenaje emocional que puede agotarte o enfermarte.

Si estás viviendo una situación así, reconoce el problema, renuncia al excesivo involucramiento, detecta si tienes sentimientos de enojo o de culpa, reaprende a ayudar y establece límites claros. Da un mensaje claro a la congregación de que eres una persona como todas, con sus luchas y dificultades, que oras por los demás y que necesitas también que oren por ti. En esta área, la ayuda a los miembros de la congregación no debe estar centrada solo en el pastor. Probablemente, un porcentaje de miembros maduros de la congregación ha atravesado por problemas emocionales, y los han resuelto exitosamente, pudiendo estar en condiciones de brindar ayuda a otros. 1 Corintios 12:25-27 dice: «[...] *que cada uno se ocupe de los demás. Si un miembro sufre, los demás miembros sufren con él; y si un miembro recibe algún honor, los demás se regocijan con él. Todos ustedes forman el cuerpo de Cristo, y cada uno es un miembro necesario de ese cuerpo*».

2) Conciencia y salud mental

La conciencia es una función mental que nos señala o reprende si hicimos algo que no es bueno o no agrada a Dios. No es un don espiritual ni algo sobrenatural o divino, sino que es parte de nuestra capacidad mental dada por Dios para poder detectar nuestros errores y pecados y buscar la solución en el arrepentimiento, la confesión y el cambio. Evalúa, como un medidor, si algo anda mal en nuestra vida, y luego la decisión que tomemos de lo que la conciencia nos hace sentir se halla en nuestra voluntad.

a. Una buena conciencia es necesaria para poder ser de buen testimonio, para amar plenamente y para no naufragar en la fe. Leemos en Hechos 24:16: «*Por eso trato de que mi conciencia esté siempre limpia delante de Dios y de los hombres*». Pablo le da mucha importancia a que su conciencia esté limpia, que no señale que algo está mal en relación con otras personas o con el mismo Dios. Sentirse culpable por haber realizado algo que está mal es correcto y saludable, pero sentir culpa por causa de una exigencia desmedida podría llevar a alteraciones emocionales. La conciencia ha sido alterada por la presencia del pecado en el mundo desde la caída en el Edén, pudiendo detectar de una manera falsa la culpa: a esto lo llamamos en psicología *culpa falsa*. Los siervos de Dios pueden sentir este tipo de culpa por hechos que no han podido realizarse o de los cuales no son responsables.

¿Te sientes culpable por algún acto o situación que no se ha corregido y de la cual no eres responsable? ¿O por algo que no hayas podido hacer? ¿Te sientes culpable por no haber obtenido algo que crees deberías haber logrado? ¿Te sientes

> **La conciencia puede perder su función si se la deja de escuchar o se la apaga.**

culpable por no haber hecho algo que no pudiste? ¿Hay algún pecado del pasado ya perdonado que aún hoy te duele? ¿Te autocastigas hablando mal de ti mismo o sintiéndote de poco valor? Algunas de estas situaciones podrían estar alterando tus emociones y dañando tu salud mental.

Vemos entonces la necesidad de una buena conciencia para poder ser de buen testimonio, para amar plenamente y para no naufragar en la fe.

b. Por otro lado, la conciencia puede estar señalando que algo debe ser cambiado en la vida, y no es escuchada. El relato de David nos muestra lo negativo que es no escuchar a la conciencia, y el alivio y sanidad mental y espiritual cuando le hacemos caso y rectificamos nuestra vida: «*¡Qué felicidad la de aquellos cuya culpa ha sido perdonada! ¡Qué gozo hay cuando los pecados son borrados! ¡Qué alivio tienen los que han confesado sus pecados y a quienes el Señor ha borrado su registro de delincuencia y que viven en completa honestidad! Hubo un tiempo en que yo rehusaba reconocer lo pecador que era. Pero era yo débil y miserable y gemía todo el día. Día y noche su* *mano pesaba sobre mí. Mi fuerza se evaporaba como agua en día de sol»* (Salmos 32:1-4).

Se puede llegar a pecar continuamente sin sentir nada porque la conciencia pierde su filo.

La conciencia puede perder su función si se la deja de escuchar o se la apaga. Allí se pierde la capacidad de discernir si la conducta es la correcta o si los síntomas son producto de haber hecho algo incorrecto. Se puede llegar a pecar continuamente sin sentir nada porque la conciencia pierde su filo.

c. Como cristianos, tenemos la responsabilidad de corregir las ofensas hacia Dios o las personas. Debemos identificar esos actos, pedir perdón por los mismos y en lo posible restituir si en algo hemos dañado. 1 Pedro 3:16 dice: *«Pero háganlo con amabilidad y respeto, de tal forma que a ustedes les quede la conciencia limpia. Así, los que hablan mal de la buena conducta de ustedes como creyentes en Cristo, se avergonzarán de sus palabras».* El apóstol Pedro está diciéndonos que una conciencia limpia es fundamental para nuestro testimonio.

El apóstol Pablo también nos dice en 1 Timoteo 1:5: *«Sigue haciéndolo, para que el amor proceda de un corazón limpio, de una conciencia buena y de una fe sincera».* La capacidad de amar plenamente está relacionada con una conciencia limpia y una fe sincera. ¡Qué buena combinación!

En 1 Timoteo 1:18-19 leemos: *«Ahora, Timoteo, hijo mío, fíjate en este mandamiento que te doy: Pelea la buena batalla, tal como dicen las profecías que se hicieron en cuanto a ti. Aférrate a la fe en Cristo y conserva limpia tu conciencia. Hay quienes desobedecen la voz de su conciencia y han naufragado en la fe».* En estos pasajes vemos que la conciencia limpia está íntimamente relacionada con la fe.

d. También una conciencia purificada por el sacrificio de Cristo en la cruz del Calvario nos ayudará a servir al Señor de una mejor manera, como nos dice el autor de Hebreos: «*[...] Pues por medio del Espíritu eterno, Cristo se ofreció a sí mismo a Dios como sacrificio sin mancha para purificar nuestra conciencia de las obras que conducen a la muerte, para que sirvamos al Dios viviente*» (Hebreos 9:14).

e. En medicina se habla de los estados alterados de la conciencia, que pueden llevar a un severo deterioro mental. Haciendo un paralelo con lo que estamos mencionando, vemos la importancia de la conciencia en sostener una buena salud.

Los estados alterados de la conciencia son:

> **Disminución del estado de alerta:** la persona no se da cuenta del peligro en que está y no presta atención a las señales de alarma. Tienden a ser menos conscientes de lo que está sucediendo a su alrededor y piensan más lentamente de lo habitual. Pueden parecer cansadas.

> **Confusión mental:** la persona está desorientada en las decisiones que debe tomar, no encuentra el mejor camino o conducta a seguir. Es incapaz de pensar de manera tan clara y rápida como habitualmente lo hace. Puede sentirse desorientado y tener dificultad para prestar atención, recordar y tomar decisiones.

> **Estupor:** es decir, estar siempre adormilado, embotado, anestesiado, sin reaccionar frente a las necesidades a su alrededor. Se asemeja a un típico cuadro depresivo.

Chequea periódicamente tu conciencia para mantener una buena salud mental.

3) Estilo de vida y salud mental

El estilo de vida consiste en la forma de alimentarse, la actividad física que se realiza, el tipo de descanso que se tiene, el manejo de los recursos, (tiempo, esfuerzo y dinero), el consumo de alcohol o tabaco, pero también incluye las costumbres, conductas y comportamientos, la educación, lo que se lee, los tipos de entretenimiento y diversiones, los vínculos y qué medios de comunicación se consumen. Todos estos factores pueden, en cierta medida, ser responsables de la salud o la enfermedad.

Se puede bendecir mejor a otros si se lleva un estilo de vida sano. Puedes chequear cómo te está yendo con tu propio estilo de vida dirigiéndote al inicio de este capítulo y examinando las frases del *test* que allí se encuentra. Deberías chequear si estás viviendo de acuerdo con la cultura imperante y las modas de la época, o con principios que hacen a mantener la salud integral, reduciendo los factores de riesgo que puedan afectarla.

Se dice que hay cinco puntos a tener en cuenta para un buen estilo de vida: comer la mitad, masticar el doble, caminar el triple, reír el cuádruple y orar sin cesar.

4) Dormir bien y salud mental

Un buen descanso es importante para la salud. Descansar es dormir bien. Muchas de las enfermedades mentales tienen como síntoma principal el trastorno del sueño, y la mayoría de ellas empeora si no se duerme bien. Muchos trastornos llegan después de estar abocados durante largo tiempo a exigencias laborales o académicas, o a experiencias negativas que generan preocupaciones y pensamientos que giran en la mente como una licuadora. Esto genera un consumo excesivo de neurotransmisores que, al no dormir bien, no tienen posibilidad de reponerse; por eso es tan importante un buen descanso.

El organismo dedica cerca de un tercio de la vida a dormir, es una necesidad fisiológica tan esencial como la del alimento y la hidratación, todas necesarias para mantener una buena salud. Según Salmos 127:2, *«En vano se levantan de madrugada, y se acuestan muy tarde, trabajando desesperadamente por pan para comer,*

Muchas de las enfermedades mentales tienen como síntoma principal el trastorno del sueño, y la mayoría de ellas empeora si no se duerme bien.

porque Dios concede el sueño a sus amados». Debemos ver al sueño como un aliado para la salud. Dormir toda la noche es un ejercicio de restauración física y mental invalorable, ya que durante el sueño se equilibran las hormonas del hambre, los músculos y los huesos se reparan y crecen, y se amplían las defensas del organismo. El sueño ayuda al aprendizaje y la memoria.

La cantidad de sueño recomendado de acuerdo con la edad es de diez a trece horas entre los 3 y 5 años, de nueve a once horas entre los 6 y 13 años, de ocho a diez horas entre los 14 y 17 años, y siete horas o más en adultos.

Algunos consejos para un buen dormir:

> No acostarse demasiado satisfecho ni con apetito. Es preferible realizar la cena al menos dos horas antes de acostarse, dejando así tiempo suficiente para que se haga la digestión y esta no interfiera con el sueño. Acostarse con hambre puede ser contraproducente porque no se descansa toda la noche.

> Hacer ejercicio por lo menos tres horas antes de acostarse facilita el sueño, y no se aconseja inmediatamente antes de irse a dormir. Cuando la temperatura del cuerpo comienza a disminuir, la tendencia al sueño aumenta. La temperatura del cuerpo aumenta durante el ejercicio y su descenso puede

demorarse unas cuantas horas, lo que explica por qué el ejercicio muy cerca de la hora de dormir puede interferir con el sueño.

> Tener actividad rutinaria y relajante antes de acostarse facilitará que duerma mejor. Por ejemplo, tratar con un baño tibio (la temperatura aumenta, pero baja rápidamente después del baño), leer o escuchar música también pueden ayudar, así como poder leer la Biblia y escuchar canciones de alabanza a Dios.

> La mayoría de la gente duerme mejor en un ambiente fresco, silencioso y oscuro. Es bueno eliminar ruidos y otras distracciones, y evitar un ambiente demasiado húmedo, seco, tibio o frío. La cama debe ser cómoda y el colchón y la almohada deben ser confortables.

> Evitar leer, comer o mirar televisión, usar el celular o cualquier otro tipo de dispositivo con pantallas en la cama para evitar la estimulación neuronal.

> Si te despiertas durante la noche y al cabo de treinta minutos no vuelves a dormirte, levántate, bebe una leche tibia, toma un poco de aire, camina un poco, lee algo, ora y no te acuestes hasta que los signos del sueño estén presentes.

> Evitar mirar durante la noche el celular para ver qué hora es o para saber cuánto tiempo te queda hasta la hora de levantarte. Usualmente, esto causa ansiedad, así que trata de buscar la manera de no tener celulares ni computadoras prendidas hasta la hora de levantarte.

> Si estás muy cansado puedes tomar una siesta durante el día cuando la necesites, pero planifica para que sea de solo de 30-40 minutos (de ser más, podría embotarte).

> Evitar la cafeína antes de dormir porque es un estimulante y puede interferir con el sueño. La cafeína en productos como el café, té, sodas y chocolate permanecen en el cuerpo un

promedio de tres a cinco horas, pero pueden afectar a algunas personas hasta por doce horas. Evitar la cafeína seis horas antes de acostarse puede ayudar a dormir mejor.

> Tratar de acostarse y levantarse a la misma hora todos los días. Es aconsejable evitar dormir más durante los fines de semana para no tener problemas con el sueño entre semana, o generar fatiga o dolor de cabeza.

5) Luz, movimiento y salud mental

El encierro, la falta de estimulación sensorial y la falta de ejercicio son enemigos de la salud mental.

> **Luz.** Generalmente, los enfermos buscan estar dentro de la casa y si es con las ventanas cerradas mejor; por ello hay que ayudarlos a revertir esta situación y que logren abrir las ventanas, salir a caminar al sol y hacer un poco de deporte o gimnasia, o simplemente sentarse a tomar sol. El sol hace bien ya que favorece la producción de neurotransmisores relacionados con el placer, relaja, ayuda a descansar mejor y contribuye a mejorar el ánimo. La luz solar es clave para nuestro estado de ánimo: está comprobado que entre más largo es el período de luz, mayor es el sentimiento de bienestar general, se tiene más energía y se es más activo y creativo.

> Tomar sol disminuye los síntomas depresivos; muchos reconocen la sensación de falta de energía y motivación cuando deben enfrentar un día gris y nublado. La luz solar influye en la secreción de melatonina, y gracias a ella se genera sueño en la oscuridad, y frente a la luz matutina aparece el despertar. La luz solar también influye en los sistemas de neurotransmisión cerebral: la luz estimula el hipotálamo, en donde se controlan muchos aspectos funcionales como el sueño, la

alimentación y la temperatura del cuerpo, funciones que se desregulan por causa de trastornos mentales.

> La luz también influye en la síntesis de la serotonina, importante neurotransmisor involucrado en mantener un buen estado de ánimo. Un día de sol ofrece trescientas veces más luz que el interior de una casa iluminada artificialmente, y por eso es importante para toda persona acceder a la luz brillante la mayor cantidad de tiempo posible. Las horas recomendadas para tomar sol de forma saludable son por la mañana hasta las 11 am (como máximo), y por la tarde, desde las 4 pm en adelante.

> **Movimiento.** La postración es muy frecuente en los enfermos mentales, ya que permanecen mucho tiempo inmóviles, en cama o decaídos en una silla. Las personas se vuelven pesadas y lentas, y por ello el movimiento juega un papel importante en la mejora de la depresión y de otros trastornos. La sangre se oxigena mejor, y podemos decir que el ejercicio ayuda a limpiar la sangre, limpiando de toxinas las arterias.

> Con el ejercicio se producen también endorfinas, conocidas como *la hormona del bienestar*, pues genera sensaciones de bienestar, relajación y satisfacción, aumentando la concentración y la autoestima haciendo que la persona enferma se sienta de mejor humor, disminuyendo la ansiedad y la tensión.

> Es difícil instalar una rutina de ejercicios periódicos; puede ser que no sea divertido y sea trabajoso realizar una sesión de ejercicios estando sin voluntad de hacerlo, pero después la persona comprobará que se siente mucho mejor. La elección del tipo de ejercicio es un tema de constitución física, de edad y de la salud preexistente. Un ejercicio que es accesible a todo el mundo, en todas las estaciones del año, para toda edad, gratuito y simple, es caminar durante media hora

varios días por semana. El caminar posee todas las ventajas que dan las actividades más exigentes.

> Si la persona es inconstante para practicar ejercicio físico, algo que ayuda es buscar una compañía para hacerlo; esto le dará un incentivo para seguir adelante y mantener la constancia. Es importante que esa compañía sea de alguien cuya edad y necesidades sean parecidas a las suyas, para que la intensidad del ejercicio sea sostenida por igual. Los ejercicios, en un comienzo, no deberían ser intensos en esfuerzos y cantidad de tiempo: es preferible poco tiempo, pero más continuos en la semana.

> Dar una caminata corta en algún momento del día, especialmente con sol, es una buena costumbre. Aunque pueda ser difícil, comenzar a caminar es una forma de demostrarse a sí mismo que todavía puede funcionar a pesar de la enfermedad.

6) Manejo del tiempo y salud mental

Leemos en Eclesiastés 3:1-8: «*Para todo hay un tiempo oportuno. Hay tiempo para todo lo que se hace bajo el sol. Tiempo de nacer; tiempo de morir; tiempo de plantar; tiempo de cosechar; tiempo de matar; tiempo de sanar; tiempo de destruir; tiempo de reedificar; tiempo de llorar; tiempo de reír; tiempo de tener duelo; tiempo de danzar; tiempo de esparcir piedras; tiempo de recoger piedras; tiempo de abrazar; tiempo de no abrazar; tiempo de encontrar; tiempo de perder; tiempo de ahorrar; tiempo de derrochar; tiempo de romper; tiempo de reparar; tiempo de callar; tiempo de hablar; tiempo de amar; tiempo de odiar; tiempo de guerra; tiempo de paz. De nada sirve afanarse*».

Muchos problemas emocionales están originados por un mal manejo del tiempo. Algunos siempre postergan sus tareas, otros siempre están apurados para terminar lo que tienen que hacer, desayunan o almuerzan parados porque no tienen tiempo, no mastican y no hacen la digestión bien; otros viven ansiosos esperando que las cosas acontezcan, y están inquietos por tener que esperar un tren o un bus —o aun un semáforo que dé la luz verde para avanzar—, y otros, preocupados por no poder completar sus compromisos de un día cargado de responsabilidades. Todo esto genera un gran nivel de estrés que afecta las emociones.

> ## Es un mito pensar que en el futuro vas a tener más tiempo; sino manejas tu tiempo ahora, cuando tu día tiene 24 horas, tampoco lo harás en el futuro cuando tu día también tendrá 24 horas.

Manejar el tiempo es controlarlo eficientemente. Es un mito pensar que en el futuro vas a tener más tiempo; si no manejas tu tiempo ahora, cuando tu día tiene 24 horas, tampoco lo harás en el futuro cuando tu día también tendrá 24 horas.

Las situaciones más frecuentes que producen pérdida de tiempo son: reuniones innecesarias, interrupciones, fatiga mental por falta de un buen descanso, prioridades poco claras, indecisión, fallas en la comunicación, fallas en delegar, desorganización personal, esperar una respuesta que no viene y el uso prolongado de pasatiempos.

Algunas preguntas para reflexionar: ¿controlas tu tiempo u otros lo hacen por ti? ¿Tiene tu vida tiempo libre, tiempo para pensar, tiempo para estar solo, tiempo para la familia, tiempo para compartir, tiempo para orar? Cuando escuchas el despertador a la mañana y te despiertas, ¿saltas de la cama corriendo porque vas a llegar tarde a tu trabajo? ¿Te levantas tranquilo y con el tiempo necesario para desayunar, orar para encomendar el día al Señor y saludar a todos los integrantes de tu familia?

Al tiempo puede describírselo como una sucesión de eventos. Si tu trabajo comienza a las 8 am y a las 8 am estás todavía en tu casa, teniendo media hora de viaje para llegar al trabajo, probablemente comiences muy mal ese día; si organizas las actividades de acuerdo con los tiempos que demanda cada una, no estarás corriendo y sin tiempo. Una frase común de aquellos que no administran bien el tiempo es: «Lo siento mucho, pero no tuve tiempo de llegar a tu cumpleaños», pero lo que realmente están diciendo es: «En el momento en que se celebró tu cumpleaños yo estaba en otro lugar haciendo otra cosa». No se puede estar en dos eventos al mismo tiempo.

Efesios 5:15-16 (RVR1960) nos aconseja: «*Mirad, pues, con diligencia cómo andéis, no como necios sino como sabios, aprovechando bien el tiempo [...]*». Es el tiempo que se puede medir con un reloj o un calendario. *Tiempo* deriva de la palabra *cronos*, que es un lapso, una medida de tiempo. Con el *cronos* medimos el tiempo en horas, días, años; de *cronos* deriva la palabra *cronómetro*, que es un instrumento para medir intervalos de tiempo.

Génesis 1:14-18 dice: «*Después Dios dijo: «Que haya luces en el cielo, para que alumbren la tierra y separen el día de la noche, y para que marquen también las estaciones, los días y los años». Y así ocurrió. Entonces Dios hizo dos grandes luces: la más grande para que alumbre durante el día, y la más pequeña, para que brille en la noche. También Dios hizo las estrellas. Dios puso estas luces en el cielo para que alumbraran la tierra de día y de noche, y para que separaran la luz de la oscuridad. Y Dios vio que esto era hermoso*». Para medir los tiempos terrenales Dios estableció la creación del sol, la luna y las estrellas, y por eso las unidades de medida de nuestro tiempo son *milenio, siglo, año, mes, día, horas*, etc. Es el tiempo del hombre que podemos medir.

7) Descanso semanal y salud mental

Hay una realidad: la cantidad de energía que posee nuestro cuerpo es un recurso limitado; nadie tiene infinita capacidad de energía emocional y física. Trabajar sin descanso trae agobio, y cuando las reservas se acaban, pueden surgir problemas.

> La cantidad de energía que posee nuestro cuerpo es un recurso limitado; nadie tiene infinita capacidad de energía emocional y física.

En Génesis 2:1-3 leemos: «*De este modo fueron creados los cielos y la tierra, y todo lo que hay en ellos. Después de haber terminado todo lo que se había propuesto hacer, Dios descansó el séptimo día. Y bendijo el séptimo día y lo instituyó como día santo, porque en ese día descansó después de haber creado todo*». Este pasaje nos dice que Dios, de una manera deliberada, dejó de trabajar y descansó. Descansó un día completo, y bendijo ese día (algo que no hizo con los otros días). Con su ejemplo Dios quiere enseñarnos varias cosas importantes que nos ayudan a mantener una buena salud mental. En Isaías 58:13 dice: «*Dediquen el día de descanso para honrarme a mí. No hagan negocios ese día, no lo usen para hablar de cosas inútiles. Más bien, disfruten el día de descanso con alegría y como un día especial dedicado a mí*».

a) Dios quiere enseñarnos el principio de descansar un día a la semana. Al día de descanso se lo denomina *shabat*, que significa «parar de hacer, descansar, refrescarse, parar de correr, reposar». En Éxodo 23:12 leemos: «*Trabajarán seis días solamente y descansarán el séptimo [...]*». En estos pasajes encontramos el consejo de Dios de mantener un día de descanso semanal.

b) Otra enseñanza para este día, más allá del descanso, es la liberación. Liberarse de las preocupaciones de la semana, de las cargas y de la ansiedad, y poder relajarse; dejar de pensar solo en el trabajo. Hay una relación muy cercana entre el *shabat* y la liberación del pueblo de Israel de la esclavitud de Egipto. Deuteronomio 5:12-15 nos cuenta: «*Guarda el día de reposo como un día santo. Este es mi mandamiento. Trabaja seis días, pero el séptimo le pertenece al Señor tu Dios; [...] Recuerda que tú mismo fuiste esclavo en Egipto, y el Señor tu Dios te sacó de ese país con gran demostración de poder. Esa es la razón para obedecer este mandamiento*». Liberación y descanso son dos significados de *shabat*.

c) Otra enseñanza es honrar a Dios en este día. En Isaías 58:13 dice: «*Dediquen el día de descanso para honrarme a mí [...]*». Aquí entendemos una enseñanza más: este pasaje nos dice que el día de descanso es un regalo, es una delicia y es glorioso. Tomar un descanso es un mandamiento, un regalo y una tarea, la tarea de honrar a Dios.

Entonces, ¿cuál es el objetivo que Dios tenía en mente para este descanso semanal? Es un freno al estrés, el desgaste y el desenfreno. Es para descansar en el Señor, en sus brazos; es para tener intimidad con él, es para juntarse en familia, meditar y orar juntos, leer la Biblia y

> **Se debe parar de trabajar, como dice Lutero, para que Dios trabaje en nosotros.**

compartir. Tener un tiempo para reflexionar, buscar la guía y dirección de Dios en las decisiones que se deben tomar, recuperarse de las heridas de la semana, y para que más allá de las preocupaciones del trabajo haya un tiempo de enriquecimiento espiritual en la vida; esa fue la voluntad de Dios. Esto también es cierto para el servicio cristiano. Aquí también tomar un descanso es un don y una tarea. El enfrentar los problemas se hará de una manera mucho más efectiva y no se agotarán las energías si se sigue este consejo de descanso semanal. Se debe parar de trabajar, como dice Lutero, para que Dios trabaje en nosotros.

Siempre aparecerá algo inesperado que ocupe nuestro tiempo, y si no tenemos margen, solo se sumará más exigencia y se restará al descanso. ¿A qué actividad se le podría decir: «En esta oportunidad, no»? ¿Qué invitaciones podemos declinar porque no son tan necesarias? ¿Qué rutinas podemos dejar o delegar, o de qué maneras algunas podrían realizarse optimizando mejor el tiempo para poder dedicar ese tiempo al *shabat*, al descanso semanal?

8) Buen humor y salud mental

El humor es la disposición del ánimo que una persona tiene en un momento dado. El buen humor es comentar las diversas situaciones de la vida de un modo risueño; esta actitud ayuda a hacer más llevaderos los momentos difíciles de la vida. El mal humor está dado por la queja, el enojo y la irritabilidad. Probablemente la persona de mal humor, si presenta una enfermedad mental, la sobrelleva de una manera más tórpida y con una peor evolución. El mal humor genera desesperanza, inseguridad, desasosiego, impotencia, pesimismo y apatía; el quejoso siempre ve todo mal, pero en cambio, el buen humor genera una actitud positiva ante la vida y genera salud. Una actitud positiva se aprende; el reír y el buen humor, también.

> La persona de mal humor, si presenta una enfermedad mental, la sobrelleva de una manera más tórpida y con una peor evolución.

Hay personas que tienen una gran comicidad, que es la capacidad de hacer reír o divertir a otros acerca de cosas y situaciones. El buen humor crea un ambiente confiado, aumenta la energía, previene el estrés, mejora la expresión facial, reduce tensiones y aumenta las ganas de vivir. El buen humor genera una sensación de bienestar subjetivo, fortalece el sistema inmunológico, desdramatiza situaciones adversas y reduce el estrés, la ansiedad y la depresión; libera endorfinas y adrenalina, reduce los niveles de cortisol, ayuda a reducir miedos, desinhibe la tensión y la inseguridad, mejora la planificación y la resolución de problemas y reduce los pensamientos negativos.

Una actitud positiva se aprende: el reír y el buen humor, también.

No por tener buen humor se debe temer el parecer poco serios o superficiales. Mantener el buen humor es un verdadero desafío en los tiempos que estamos viviendo.

«El corazón alegre es una buena medicina, pero el ánimo triste debilita el cuerpo» (Proverbios 17:22). Este texto está diciéndonos que cuando tenemos buen humor prolongamos nuestra vida, y que se trata de un medicamento económico y muy efectivo.

Proverbios 15:15 dice: *«Para el afligido, todos los días traen problemas; para el de corazón alegre, todos los días son de fiesta»*; Salmos 5:11 dice: *«Pero haz que se regocijen todos los que ponen su confianza en ti. Haz que siempre clamen de alegría porque tú los defiendes. Llena de tu dicha a cuantos te aman»*; en Filipenses 4:4 leemos: *«Alégrense siempre en el Señor. Se lo repito: ¡alégrense!»*, y en 1 Tesalonicenses 5:16-18 dice: *«Estén siempre contentos […] porque esto es lo que Dios quiere de ustedes como creyentes en Cristo Jesús»*.

9) Pensamientos y salud mental

Muchas enfermedades tienen como síntomas ideas negativas, enfermas, obsesivas, delirantes, amargas o distorsionadas. Las ideas generan pensamientos que luego influyen en la forma de actuar. ¿Qué ideas guardas en tu mente? Las ideas surgen de lo que se lee, se escucha y se ve; las cosas que interesan son las que atraen la atención, y a través de ello se generan ideas y pensamientos que van modelando la vida.

Las ideas generan pensamientos que luego influyen en la forma de actuar. ¿Qué ideas guardas en tu mente?

Los más vulnerables en cuanto a esto son los niños: su mapa mental está formándose, y frente a las noticias y la información que reciben, no tienen experiencias previas para cotejar, no tienen datos previos para interpretar lo que leen, escuchan o ven. Muchos niños y jóvenes formatean su mente con muchas horas delante de pantallas, TV, internet, películas, juegos, videos y plataformas, que impactan sus mentes con apologías del delito, violencia extrema, valores antibíblicos, inmoralidad, odio, venganza y aun pornografía. Sus ideas, pensamientos y conductas van a estar luego influenciados por todo eso.

Los filtros para interpretar mentalmente los contenidos que vemos o escuchamos están en la palabra de Dios y en el discernimiento que nos da el Espíritu Santo. En Romanos 12:2 leemos: «*No se amolden a la conducta de este mundo; al contrario, sean personas diferentes en cuanto a su conducta y forma de pensar. Así aprenderán lo que Dios quiere, lo que es bueno, agradable y perfecto*». La Biblia dice que podemos cambiar nuestra forma de pensar, y por ello Dios hizo que nuestro cerebro sea moldeable, que pueda modificarse de acuerdo a cómo lo usemos y estimulemos, y según las cosas a las que les prestemos atención. Pensemos frecuentemente en las bendiciones y promesas que Dios nos ha dado, estimulemos nuestra mente orando, leyendo la Biblia y recordando todas las bendiciones que recibimos del Señor, ya que esto trae paz a nuestra vida y a nuestras emociones.

Por ello, encontramos el consejo bíblico en Filipenses 4:8: «*Por último, hermanos, piensen en todo lo que es verdadero, todo lo que es respetable, todo lo justo, todo lo puro, todo lo amable, todo lo que es digno de admiración; piensen en todo lo que se reconoce como virtud o que merezca elogio*», y en Proverbios 4:20-22 leemos: «*Hijo mío, toma en cuenta mis consejos, escucha atentamente mis palabras. No pierdas de vista mis palabras, grábalas en lo más profundo de tu corazón. Porque ellas traen vida y salud a quienes las hallan».*

La Biblia dice que voluntariamente pueden desecharse de la mente los pensamientos que no convienen. Lo que tú piensas genera la visión que tienes de la vida; entonces, piensa en cómo alimentar tu mente. Los pensamientos pueden generar salud o enfermedad; nuestra mente nos ayuda, en el contexto de la vida, a confrontar la realidad, a razonar sobre lo que está pasando, a tomar decisiones sabias. Utilicemos esta capacidad que Dios nos dio para una mejor calidad de vida.

10) Recuerdos y olvidos que generan salud mental

Pensar es también recordar. Se recuerdan vivencias del pasado. La memoria no es aire, son sustancias; el cerebro tiene numerosos álbumes de memorias, algunas lindas, otras tristes y otras angustiantes. Las vivencias de la vida se archivan en nuestra memoria, la que puede ser entrenada voluntariamente. Tú puedes decidir qué álbum de memoria abrir. Debemos ser sabios en manejar nuestras memorias y desechar las que perjudican nuestra vida.

> **Tú puedes decidir qué álbum de memoria abrir. Debemos ser sabios en manejar nuestras memorias y desechar las que perjudican nuestra vida.**

Es preciso manejar estos recuerdos de una manera saludable. Hay recuerdos que aparecen en el foco de nuestra conciencia y que deberíamos olvidar, es decir, deberíamos desecharlos, dejarlos de lado y no prestarles atención.

a) Uno de ellos son los recuerdos amargos. Hebreos 12:15 nos dice: *«Asegúrense de que a nadie le falte el amor de Dios; de que ninguna raíz amarga brote y cause problemas y envenene a muchos»*. A los recuerdos que duelen y afligen hay que echarlos fuera de la mente, pues envenenan nuestra vida y la de los que nos rodean: quizás tengan que ver con compararnos con los demás, y nos hacen sentir inferiores; quizás surgen de un rencor por algo que es difícil de perdonar; quizás seguimos sintiendo culpa por algo que Dios ya perdonó.

b) Deberían olvidarse también las relaciones personales del pasado que generaron tristeza o amargura y que aún siguen teniendo influencia. Como ejemplo, en 1 Samuel 16:1 leemos: *«Finalmente el Señor le dijo a Samuel: —Basta ya de llorar a Saúl, porque lo he rechazado como rey de Israel. Toma un cuerno de aceite de oliva, ve a Belén y busca a un hombre llamado Isaí, porque a uno de sus hijos he escogido para que sea el nuevo rey»*. El consejo de Dios a Samuel fue el de olvidar la pérdida de una relación que le generaba tristeza. ¿Hay miembros en la congregación que se fueron sin siquiera saludar, después de haber trabajado años con ellos? ¿Estás todavía lamentándote por esa pérdida? Si estamos enojados o dolidos por algún abandono o por la pérdida de una relación, el consejo de Dios es que miremos hacia adelante, porque hay muchos otros a los que todavía hay que bendecir. En Isaías 43:18 nos dice: *«Pero olvídense de todo esto: ¡eso no es nada comparado con lo que voy a hacer!»*, y en la versión NBLA nos dice: *«No recuerden las cosas anteriores ni consideren las cosas del pasado»*.

Hay cosas que sí debemos recordar o traer a la memoria. En Éxodo 17:14 leemos: *«Luego, el Señor le ordenó a Moisés: «Escribe esto en un libro para que se recuerde siempre [...]»»*. La Biblia y todo lo que en ella hay es para recordar siempre, por ello es un buen hábito leerla todos los días; esto será de influencia para tener una mente saludable.

Como tenemos la capacidad de evocar, si eres un asiduo lector de la Biblia, sus promesas y consejos pueden ser un buen álbum para traer a la memoria a menudo, especialmente en momentos donde tengas que decidir o en momentos de preocupación e incertidumbre. Un hermoso ejemplo de traer buenas memorias de la Biblia es el de María, la madre de Jesús: cuando el ángel le anunció que iba a tener un hijo, ella, una joven adolescente, eleva un hermoso cántico de alabanza a Dios lleno de citas del Antiguo Testamento (Lucas 1:46-55). María recordó estos pasajes que había ya atesorado en su memoria y en su corazón. ¡Qué sensibilidad la de sus padres de transmitir la palabra de Dios a sus hijos, y qué sabiduría la de María de atesorarlas en su corazón!

Como María frente a acontecimientos importantes en la vida, frente a decisiones que se tengan que hacer, frente a situaciones difíciles de comprender o aceptar, se pueden traer a la memoria pasajes bíblicos que serán de consejo y guía. Aun pasando por luchas, sufrimiento y enfermedades, recordemos que Dios nos ama y cumple sus promesas.

En Hebreos 10:32 nos dice: «*Recuerden los días pasados cuando ustedes, después de recibir la luz, tuvieron que soportar una dura lucha y muchos sufrimientos*». Estas palabras nos recuerdan un principio que deberíamos tener siempre presente, que es que el haber aceptado a Cristo como salvador y haber recibido la luz del evangelio no garantizan la ausencia de lucha, sufrimientos y enfermedad. Recordémoslo siempre.

II) Vínculos y salud mental

Nuestra sociedad contemporánea se caracteriza por la soledad y el aislamiento; aun en nuestras iglesias, por más numerosas que sean, algunos de sus miembros se sienten solos o se esfuerzan por mantener máscaras de éxito y de bienestar que los alejen de los demás. Una persona actúa con una máscara para cubrir sus complejos, falencias, culpas o necesidades, tomando distancia de los otros, y pronto sufre soledad aun estando en un grupo grande de personas conocidas y que denomina «amigos».

El desarrollo y funcionamiento del cerebro es influido por la interacción con los demás. Vamos formándonos con las personas con las que interactuamos, y estas pueden influenciar de forma saludable o enferma.

> **El cerebro es influido por la interacción con los demás. Vamos formándonos con las personas con las que interactuamos, y estas pueden influenciar de forma saludable o enferma.**

El compartir con otros nuestros asuntos personales, vivencias o síntomas que nos preocupan, nos hace tomar conciencia y tener una más clara y mejor comprensión de la realidad. La Biblia dice en Proverbios 27:17: *«El hierro se afila con el hierro y el hombre al relacionarse con el hombre»*, y la versión NTV dice *«Como el hierro se afila con hierro, así un amigo se afila con su amigo»*.

Al intercambiar experiencias con un amigo también llegamos a conocer nuestras propias fortalezas y debilidades. Con un amigo pueden compartirse las cargas y necesidades, se llora con ellos si es necesario, se confía y se chequean las emociones. Nos daremos cuenta de que nuestras luchas son las mismas que las de otros, y esto hace que veamos que nuestros problemas no son únicos, que también otros pueden estar atravesando por situaciones parecidas.

Tener problemas emocionales es normal. *«¿Sabes que una vez a mí también me pasó?»* es la respuesta frecuente cuando compartimos con otros lo que nos pasa, y otro beneficio de los vínculos es poder orar juntos por un tema determinado, ya que esto nos hace más fuertes emocional y espiritualmente.

Una forma por medio de la cual Dios nos habla es a través de otras personas. Muchas veces la revelación de Dios al hombre es a través de sus interacciones y sus experiencias con otros, y por eso podemos decir que las buenas amistades generan buena salud.

Tener problemas emocionales es normal.

En cuanto a las relaciones de ayuda mutua tenemos una buena definición en Gálatas 6:2, donde Pablo aconseja: «*Ayúdense unos a otros a llevar sus cargas y así estarán obedeciendo la ley de Cristo*». Este es uno de los beneficios más grandes de los vínculos, el estar dispuesto a brindar ayuda cuando alguien la necesita y poder pedir ayuda en caso de necesitarla. En los vínculos se desarrollan actividades expresivas y estéticas, cuidado mutuo, celebración, comunicación, expresión emotiva; hace bien hablar y compartir con otros. Cuando alguien se siente comprendido, escuchado y apoyado se siente más tranquilo, contenido, se alivia la carga. Vincularse es brindarse, el encuentro con el otro es generador de salud. Las penas se alivian con alguien que nos entienda, y las relaciones sociales pueden generar una respuesta biológica y emocional saludable. Por ello, uno de los pilares de la fortaleza para enfrentar los problemas y las enfermedades son los lazos con otros.

Claramente, la Biblia reconoce que con quién nos vinculamos tiene una gran influencia sobre nosotros (ya que las relaciones pueden sanar o enfermar nuestra vida) y alerta fuertemente a no asociarnos con aquellos que desobedecen a Dios y evitar toda relación con ellos. Proverbios 22:24-25 nos aconseja: «*No te hagas amigo de gente violenta, ni te juntes con los que se enoja fácilmente, no sea que aprendas a ser como ellos y caigas tú mismo en la trampa*». Nos dice que al estar con otros que hacen lo malo, también se aprende de ellos a hacer lo malo. Somos también instruidos a evitar a los tontos o necios para no ser dañados:

«El que anda con sabios, será sabio; al que anda con necios, lo lastimarán» (Proverbios 13:20). Esto es particularmente crítico en ciertas etapas de la vida como la adolescencia, ya que en esta etapa se tiende a imitar la conducta de otros del grupo y se busca la aprobación y la pertenencia grupal. En la adolescencia hay un fuerte mecanismo de influencia social en la conducta, por ello es tan importante chequear con qué amistades se vinculan los adolescentes.

Todas las personas tienen necesidad de cercanía con otros. Es bueno evitar la soledad. Debes detectar si te sientes solo más allá de la cantidad de gente que te rodee en el ministerio. Los sentimientos de soledad y aislamiento social de por sí pueden generar muchos problemas de salud mental. Los ámbitos donde puedes generar vínculos son los consejos pastorales, congresos, conferencias y retiros cristianos; ora para que el Señor te guíe a contactar las personas indicadas, para lo cual es importante que estés disponible a generar encuentros. Proverbios 18:24 nos dice que *«Hay amigos que nos llevan a la ruina, pero hay amigos más fieles que un hermano»*.

Pablo tenía relaciones muy estrechas: como vemos en Colosenses 4, dice que Aristarco, Marcos y Justo lo ayudaron, animaron y fortalecieron. También su red incluía a Lucas, Timoteo, Gayo y Onésimo. En 2 Corintios 7:6-7 podemos leer: *«[...] Dios, que alienta a los desalentados, nos alentó con la llegada de Tito y con la noticia que él me trajo de que ustedes lo habían consolado. Cuando me habló del ansia con que esperan mi llegada, de lo tristes que se pusieron y de la gran preocupación que tienen por mí, el corazón me saltó de gozo».* Cuando estaba angustiado, dice que Dios lo alentó con la llegada de Tito y que su presencia fue una alegría en tiempo de depresión.

En el servicio al Señor nos relacionamos con mucha gente, y este tipo de relaciones generalmente producen preocupación y cansancio. Ministrar sanidad interior, orar, aconsejar, señalar pecados, sanar heridas, interceder, prevenir, advertir, guiar, etc., todas estas tareas nos desgastan y nos quitan energía y fuerzas. Cuando te se sientas así, si llamas a un amigo o colega en algún momento del día para conversar y compartir, esa breve interacción marcará la diferencia en cómo te sientes. Asegúrate de comprometerte a un contacto periódico con los demás, más allá de las personas que contactas por tu trabajo o ministerio. La calidad de las personas con las que te conectas marca la diferencia. Evita las relaciones tóxicas o aquellas que violen tus límites personales y asegúrate de conectarte con personas que te enriquecen y nutren.

Analiza si hay muros levantados hacia los demás por experiencias negativas ya pasadas, y si los hay, derríbalos.

12) Creatividad y salud mental

La creatividad es la capacidad de generar nuevas ideas o conceptos que producen soluciones originales. ¿Hay algún problema o situación conflictiva o dolorosa que sientes que nunca vas a poder resolver? ¿Hay alguna enfermedad emocional o mental que te paraliza, y crees que no tienes recursos para afrontarla? ¿Te has resignado a vivir una situación difícil pensando que deberás soportarla toda la vida?

> **La creatividad puede servir para superar el pasado y para pensar el problema de manera distinta, dado que en el presente se cuenta con otros recursos.**

¿Ha aparecido en tu mente la frase: «Esto no tiene solución, esto no va a terminar nunca»? Si respondes positivamente a estas preguntas, probablemente estés viviendo lo que se llama una *parálisis en el pensamiento*. Esto te lleva a ver las cosas siempre de la misma manera, a convencerte de que las cosas son así y que nunca van a cambiar, y a dejar de actuar en situaciones en que deberías tomar decisiones importantes para la solución de tu problema.

¿Alguna vez le has dado un nuevo significado a una situación negativa del pasado que aún hoy sigue perturbándote? La creatividad es una disposición que lleva a salir de los caminos habituales para buscar enfoques y conductas nuevas. La creatividad es aprender distintas alternativas en el modo de actuar. Muchas veces las personas no son conscientes de lo mal que están o están acostumbradas a estar así; ver el problema y desear cambiarlo es ya un acto de creatividad.

La creatividad también puede ser de beneficio para dar otro significado a situaciones traumáticas del pasado, como por ejemplo una pérdida no elaborada, la ruptura de una relación de familia, un abuso, etc., que siguen influyendo y generando miedo, rencor o dolor. La creatividad puede servir para superar el pasado, para pensar el problema de manera distinta; puede ser el problema evaluado de otra manera, dado que en el presente se cuenta con otros recursos y se puede tener un panorama más completo.

Una forma para ver la situación difícil de otra manera es hablar del problema con otra persona que sepa escuchar. Al comenzar a relatar la vivencia del pasado normalmente surgen nuevas ideas, se aclara el porqué de ciertos sentimientos enquistados en el presente dándole un significado distinto a lo vivido. Por ejemplo, una joven de 26 años que fue abusada en su niñez por un familiar y estaba atravesando una depresión, todavía conservaba los sentimientos de culpa y miedo. Al compartir y trabajar este dolor con una psicóloga cristiana, expresa esta frase: «¡Claro! Ahora que lo pienso, yo era muy pequeña como para poder pararlo, y me doy cuenta de que lo que me decía me llenó de miedo y yo le creí, porque para la nena que yo era, los adultos siempre tenían razón. Ahora me doy cuenta de que no pude hacer otra cosa y de que no soy culpable por lo que pasó».

En la Biblia hay relatos que demuestran que aun Dios está dispuesto a modificar su forma de pensar, a ser creativo frente a una nueva realidad. En una ocasión, Dios le dijo a Jeremías que le comunicara una sentencia al rebelde pueblo de Israel (Jeremías 26:3, TNM): *«Quizás escuchen y se vuelvan, cada uno de su camino malo, y yo tenga que sentir pesar por la calamidad que estoy pensando ejecutar sobre ellos a causa de la maldad de sus tratos»*. En otra oportunidad, Dios cambia la sentencia de destrucción de la ciudad de Nínive porque creyeron el mensaje de Jonás.

Sepamos que toda experiencia —aun las más dolorosas o difíciles— son experiencias de vida que pueden generar fortaleza de carácter. Santiago 1:2-4 nos dice: *«Hermanos míos, que les dé gran alegría cuando pasen por diferentes pruebas, pues ya saben que cuando su fe sea puesta a prueba, producirá en ustedes firmeza. Y cuando se desarrolle completamente la firmeza, serán perfectos y maduros, sin que les falte nada»*, y en 1 Pedro 5:10 leemos: *«Y después que ustedes hayan sufrido por un poco de tiempo, Dios mismo los restaurará, los hará fuertes, firmes, y les dará seguridad»*. Dios es muy creativo y puede transformar una experiencia triste, dolorosa y negativa en algo positivo en la vida de la persona.

En la materia *Desarrollo integral del carácter,* que dicté por un tiempo en el Instituto Bíblico Buenos Aires (habla Daniel), les pedí a los alumnos que por unos minutos compartieran una experiencia de sus vidas que hubiera influido en el desarrollo de su carácter. Un gran porcentaje de ellos contó historias con contenido triste o doloroso y relataban lo difícil que había sido para ellos tal situación —lo cual a pesar de esa carga negativa fue de gran ayuda para su crecimiento personal—. Las describían como experiencias de aprendizaje que formaron aspectos positivos en su carácter y les dejaron una enseñanza. La ecuación parecería ser esta: a más problemas enfrentados, más experiencia, más fortaleza.

Si alguien comenta que nunca tuvo problemas ni pasó por experiencias angustiantes y que todo en la vida le fue bien, difícilmente pueda empatizar con el dolor ajeno y lograr que otros se abran a él, o piensen que solo está usando una máscara.

Dios es creativo, estamos en sus manos, y como vasijas de barro nos moldea permanentemente.

El cerebro se va modelando en relación con el ambiente y las experiencias de vida que, si son negativas, pueden dar origen a muchas de las enfermedades mentales.

13) Ambiente familiar y salud mental

Cada familia tiene un clima emocional que se genera por la interacción de sus miembros. El entorno familiar impacta a cada integrante de la familia generando salud o enfermedad. ¿A qué se debe esto?

El cerebro es plástico, puede adaptarse a los cambios a través de sus redes neuronales y del aprendizaje. Basta mencionar que una espina dendrítica, que es una conexión con otra neurona, puede crearse en veinte segundos, o sea que hay un cambio cerebral con un nuevo aprendizaje, una nueva experiencia vivida. Esta capacidad es enorme en los primeros años de vida, pero continúa a lo largo de toda la vida. Tenemos un cerebro flexible, y todos estos estímulos se integran en la mente, generando nuestra forma de ser y de actuar.

El entorno familiar y las experiencias que allí vivimos impactan nuestra mente, nos influyen, nos impregnan y pueden generar estímulos positivos o negativos en nuestra vida. El cerebro se va modelando en relación con el ambiente y las experiencias de vida que, si son negativas, pueden dar origen a muchas de las enfermedades mentales.

Cada ser humano es producto de su genoma, pero quizás en mayor medida, es producto de las experiencias que vive a lo largo de su vida, es decir, del conjunto de sus experiencias haciendo de ese ser humano un ser único e irrepetible. No podemos tener control del entorno que viven nuestros hijos en el colegio; tampoco del que se vive en nuestro trabajo o en nuestro país, pero sí podemos tener el control del entorno que se vive en nuestro hogar, el cual tiene una influencia muy grande en la salud mental de nuestros hijos y en la nuestra.

Hay una premisa para nuestra mente y es esta: todo lo que se estimula se desarrolla. Recibir y haber recibido amor, contención y sostén desde niño genera una buena autoestima pues pertenece a un entorno que generó experiencias que lo fortalecieron y reforzaron como persona. El vínculo emocional positivo que desarrolla el niño con sus padres, de ser aceptado y protegido incondicionalmente, le proporciona la seguridad emocional indispensable para un buen desarrollo de la personalidad. Si, en cambio, ha sufrido traumas que generan vulnerabilidad, esto puede derivar en múltiples caminos de posibles enfermedades[2].

> **Hay una premisa para nuestra mente y es esta: todo lo que se estimula se desarrolla.**

Los climas que generan salud están dados por:

> ➤ El trato entre sus miembros. Mateo 7:12 nos dice: «*Haz a otros todo lo que quieras que te hagan a ti. En esto se resumen las enseñanzas de la ley y de los profetas*».
>
> ➤ El amor y las expresiones de amor entre sus miembros. En 1 Tesalonicenses 3:12 leemos: «*Le rogamos al Señor que los haga crecer y que ustedes se amen más unos a otros y a todos […]*».
>
> ➤ La comunicación entre sus miembros. Efesios 4:29 nos enseña: «*Nunca empleen un lenguaje sucio; más bien digan palabras que les hagan bien a los que las oyen y los ayuden a madurar*».

---

2. La importancia de las experiencias tempranas de cuidado afectivo y responsable en los menores. redaylic.org - https://bit.ly/3y4zEmu

> ‣ La presencia de alabanza y gratitud a Dios. En Habacuc 3:17-18 leemos: «*Aun después de tanta destrucción; cuando la higuera se seque y no haya flores ni fruto; cuando los olivos no produzcan y los campos permanezcan estériles; cuando el ganado muera en el campo y los corrales están sin vacas, yo me regocijaré en* el Señor *y me alegraré en el Dios que nos salva*».

Capítulo 7

Impacto de la pandemia de COVID-19 en la salud mental

Aun siendo cristianos somos vulnerables frente a las impensadas consecuencias y secuelas que dejó la pandemia. Esta impredecible y difícil realidad mundial ha impactado en la vida de muchas personas y familias. En este último capítulo intentamos analizar las consecuencias y posibles soluciones a algunos de los problemas que dejó la pandemia dentro del ámbito familiar. Las secuelas que consideraremos a continuación nos llevaron a cuestionarnos cosas como: ¿cómo cuidar y cuidarnos? ¿Con qué recursos contamos? ¿Cómo cuidar, socorrer y ayudar en medio del dolor? ¿Cuál es la realidad de la pospandemia y cómo seguir adelante?

> **El encierro y el temor por la pandemia trajeron a la gran mayoría de las personas problemas emocionales.**

I- Consecuencias en las personas y las familias

Trastornos en la salud mental

El encierro y el temor por la pandemia trajeron a la gran mayoría de las personas problemas emocionales. En la población general hubo un aumento de trastornos del ánimo y trastornos de ansiedad (descritos en el capítulo 4) y se incrementaron los sentimientos de inseguridad, incertidumbre, nerviosismo, desesperación, desprotección, miedos imprecisos, temores puntuales y pánico, entre otros.

Se alteraron las relaciones interpersonales, hubo tendencia al aislamiento, a esconderse; en familias que debieron convivir durante largo tiempo en ambientes reducidos se presentaron actitudes de intolerancia y conductas violentas entre sus miembros. Por pérdidas laborales, económicas y de seres queridos, muchas personas se deprimieron, perdieron la capacidad de autoestima, de valoración personal, de sentirse amados; se llenaron de desesperanza, dudas e interrogantes sin respuesta. Presentaron fatiga emocional y dificultades para concentrarse.

Hubo un aumento del consumo de alcohol, hipnóticos y drogas, y los niños, específicamente por el encierro y por los colegios cerrados durante mucho tiempo, sufrieron la falta de interacción social con sus pares y retrasos madurativos en el desarrollo.

Fatiga emocional

La fatiga emocional es un estado de agotamiento físico y psicológico crónico por un exceso de exigencias personales y por estrés prolongado, donde se tiene la sensación de estar emocionalmente exhausto y agotado.

Muchos cristianos usualmente desarrollan conductas de ayuda hacia la comunidad y familia de la fe, dado el amor y la empatía que tienen hacia los que están sufriendo, pero hemos visto durante la pandemia que muchos no midieron esfuerzos en ayudar a otros: comprando, preparando y llevando bandejas con comida, cajas de alimentos, y de modo *online* teniendo contacto permanente para saber cómo estaban, orando y aconsejando. Estos cristianos, al cabo de un tiempo, sufrieron fatiga emocional y comenzaron a sentir diferentes

Si bien es cierto que como hijos de Dios debemos llevar los unos las cargas de los otros, también debemos reconocer nuestras limitaciones personales.

síntomas: cansancio, desgaste, agotamiento, sentimientos de hastío y desgano mayores a lo normal, además de aumentar sus niveles de estrés generando una sensación de alarma y de ansiedad. Extremaron sus cuidados por miedo a contagiarse, tuvieron dificultad para dormir, problemas para recordar cosas o para pensar claramente (a esto último se lo llama *niebla mental*, que está dado por un déficit de la atención). Otros síntomas que se manifiestan a nivel cognitivo en la fatiga emocional son la falta de la fluidez verbal, disminución en la velocidad de procesamiento del pensamiento, dificultad para categorizar al hacer listados y problemas de memoria, entre otras deficiencias cognitivas.

Esto nos habla de que, si bien es cierto que como hijos de Dios debemos llevar los unos las cargas de los otros, también debemos reconocer nuestras limitaciones personales, poner límites adecuados y cuidarnos a nosotros mismos, y así también cuidar a quienes cuidan de los necesitados, porque toda sobrecarga puede llevar a consecuencias negativas para la salud mental.

Estancamiento emocional

Hemos visto que en el contexto de la pandemia muchos presentaron un estancamiento emocional traducido en un temor a tomar decisiones. Las personas han sufrido por el impacto de los cambios bruscos en el entorno y por el exceso de información que recibieron a través de los medios de comunicación. El recibir a diario el informe de los contagios y muertes, de los quebrantos y pérdidas económicas de grandes empresas y de pequeños comerciantes, de pérdidas laborales de familiares y conocidos, etc., dejan a las personas congeladas emocionalmente. Se encuentran imposibilitadas de decidir sobre lo que les pasa y lo que necesitan, y no pueden hacer un análisis de la situación por estar siempre girando sobre lo mismo. Además, la *infodemia*, que es la epidemia de información que se generó alrededor del COVID-19 y sus devastadoras consecuencias, generó un exceso de análisis tratando de ver cómo actuar y qué era lo mejor, lo que complicó la toma de decisiones correctas. Muchas personas quedaron desgastadas mental y emocionalmente.

Consecuencias de la pandemia en los adultos mayores

Trabajando en tercera edad, por ser nosotros también geriatra (Daniel) y psicogerontóloga (Élida), hemos notado un aceleramiento de los procesos de envejecimiento a nivel físico y emocional en los adultos mayores: en lo físico, síntomas tales como mayor caída del cabello y más arrugas por un aumento de la sequedad de la piel, disminución abrupta de la flexibilidad y deterioro de la fortaleza muscular, aumento de peso y mayor lentitud al caminar; y en lo psicológico, hubo un aumento de los síntomas depresivos.

En cuanto a lo social, la pandemia y el miedo a los contagios obligó al encierro de los adultos mayores, a quienes se les aconsejaba no salir ni siquiera al supermercado o a caminar para tomar sol. Perdieron el contacto social tan necesario en esta etapa de la vida, ya de por sí caracterizada por el aislamiento. Se cancelaron los gimnasios, se cerraron los centros para jubilados y se suspendieron las actividades físicas grupales y todo tipo de talleres y actividades para la tercera edad, por medio de los cuales se promociona un envejecimiento activo. Por supuesto, también se suprimieron los paseos, las excursiones y viajes para la tercera edad, y todas estas son oportunidades que estimulan la continuidad de la actividad psicofísica y promocionan y favorecen la iniciación de nuevos vínculos personales.

> **Seguir estando activos a pesar de la edad cronológica hace tener un envejecimiento saludable.**

Seguir estando activos a pesar de la edad cronológica hace tener un envejecimiento saludable, pero nada de todo esto pudo hacerse como consecuencia de la pandemia. Por este motivo, la gran mayoría abandonó sus actividades profesionales y comerciales que seguían desarrollando a pesar de estar jubilados; otros abandonaron las actividades académicas que habían iniciado para sostener y ocupar su tiempo libre de responsabilidades, y también se abandonó el inicio de nuevos proyectos y emprendimientos. Esto dio lugar a un aumento de emociones y sentimientos tales como tristeza, desasosiego, pérdida de interés, desconexión emocional y desgano, todos síntomas propios de la vejez avanzada.

¿Cómo un adulto mayor puede ayudarse? En primer lugar, teniendo en cuenta que la forma en que se ve a sí mismo dice mucho del modo de envejecer. En segundo lugar, teniendo en cuenta la pérdida de la propia salud física, y cuidando con medicamentos las enfermedades crónicas que pudiera tener. Tercero, teniendo en cuenta las pérdidas sociales, es decir, ayudándose a sobreponerse por la pérdida de vínculos afectivos, de familiares, amigos y miembros de la iglesia, y cuidar y cultivar una red social de apoyo, sostén y nuevas amistades. Cuarto, manteniendo la capacidad de seguir aprendiendo, y proyectarse con nuevas metas y actividades. En quinto lugar, cuidando del lugar donde vive, haciendo que sea agradable y adecuado a sus necesidades. Y por último —pero no menos importante—, manteniendo afectos positivos con amigos, familiares y en especial dentro de su matrimonio.

Duelo por muchos seres queridos fallecidos durante la pandemia

Otra consecuencia de la pandemia que afectó la salud emocional de las familias es que muchas personas fallecieron a causa de la llegada de la epidemia y por la falta de recursos de todo tipo para hacerle frente. La pandemia ha dejado viudos y huérfanos en muchas familias que quedaron envueltas en el dolor, transitando un tiempo de duelo por las pérdidas de sus seres queridos. Entender la frase bíblica «Bienaventurados los que lloran» en este contexto se torna muy difícil para muchos, pero el resto de la frase que sigue dice «porque ellos recibirán consolación», y esto en verdad llena de esperanza el dolido corazón. Durante el proceso de duelo se recibe del Señor una esperanza especial, una gracia oportuna, un consuelo único y singular que solo Él puede dar para sanar las heridas del corazón. En estos tiempos se hacen realidad las palabras del salmo 146:9, que dice: *El Señor [...] cuida al huérfano y a la viuda [...]*», y del salmo 68:5: «*Él es padre del huérfano; él hace justicia a las viudas, es Dios en su santa morada*».

Trataremos de responder dos preguntas: a) *¿Cómo ayudarnos a nosotros mismos si ha fallecido un ser querido?*, y b) *¿Cómo ayudar a quienes han perdido un ser querido?*

¿Cómo nos ayudamos?

Quizás perdiste un ser querido en este último tiempo, hubo muchas pérdidas y lo que estás viviendo es más que una tormenta pasajera, es un tornado o un terremoto destructor para el cual no hubo aviso. Cuando esto sucede, la reacción normal son las lágrimas y el llanto como expresiones del dolor. Estas expresiones no tienen nada de falta de fe, nada de patológico y no requieren ser tratadas con medicamentos; las lágrimas forman parte de la reacción normal a una pérdida y no solo son legítimas sino también deseables. Incluso es posible pensar en ellas como una forma de protección contra la depresión: cuando una persona está triste y llora, puede estar realmente recuperándose de una tormenta dolorosa, como la muerte de un ser querido; entonces llora, pero sin perder la fe.

En tiempos de tanto dolor es bueno identificar las causas de tu llanto. Todas las causas son válidas para llorar. Durante el proceso de duelo hay momentos en que se llora por la persona que falleció, pensando que ya no puede disfrutar tal o cual cosa; hay otros momentos en los que se llora por el dolor que tienen los hijos por la pérdida de su padre, por ejemplo, y otros momentos en que se llora porque uno ya no puede contar con el fallecido para compartir o hacer innumerables cosas que antes hacían juntos. Se llora por la soledad, por la irreversibilidad de la muerte. Es muy difícil transitar el dolor por la muerte de un ser querido, pero en soledad es más difícil aún. Si este es tu caso, la recomendación es que no te quedes solo o sola; busca ayuda y rodéate de personas fieles que te acompañen en este proceso y te ayuden a sostenerte en la fe en nuestro Señor.

> **En tiempos de tanto dolor es bueno identificar las causas de tu llanto. Todas las causas son válidas para llorar.**

Es conveniente no aislarse en el dolor sino mantener relación con otros, seguir relacionándose con familiares y amigos en el tiempo de duelo, a pesar del sufrimiento.

Todos sabemos que en el mundo tendremos aflicción, y aun así el proceso de duelo es difícil de transitar para nosotros los cristianos, pero la siguiente frase: «[…] *confiad, yo he vencido al mundo*» (Juan 16:33, RVR1960) nos da alivio. ¡Gracias, Señor! Te lo decimos nosotros, que hemos atravesado el duelo por el fallecimiento de nuestra linda y querida hija de 24 años, dolor que no deja de sentirse aun después de haber pasado ya varios años, y habiendo llegado al último peldaño del proceso de duelo que es la aceptación. El Señor derrama una cobertura especial que cae sobre el fiel cristiano que está atravesando un dolor semejante y le brinda una fortaleza especial; derrama un aceite espiritual increíble que suaviza el dolor de la herida, una gracia especial que es una habilidad que Dios concede sobre nosotros para cumplir su voluntad. Es una manifestación del Espíritu Santo, una cobertura especial y única que cae sobre el cristiano que está atravesando el dolor por la muerte de un ser querido, que le brinda una fortaleza especial e inexplicable.

Nuestro Señor es el Dios de toda consolación, sus promesas renuevan nuestras fuerzas y nos consuelan en nuestro dolor. Salmos 119:114 dice: «*Tú eres mi refugio y mi escudo; y tus promesas son mi única fuente de esperanza*». Dios siempre da consuelo a sus hijos bien amados cuando sufren. Dios da gracia para soportar el sufrimiento; es bueno ver el sufrimiento como una experiencia de vida, como un tiempo de crecimiento para seguir adelante con la vida. También es tiempo de seguir creciendo en la relación con Dios, seguir confiando en él a pesar de todo, seguir firmes en el Señor siempre. «*Sigamos firmes en la esperanza que profesamos, porque él cumplirá la promesa que nos hizo*» (Hebreos 10:23).

El tiempo de duelo es un tiempo para llorar y buscar refugio en el Señor. Para leer los salmos, orando y expresando los sentimientos de dolor con toda sinceridad, y expresando junto al salmista tus quejas desgarradoras, tus preguntas sin respuesta y tus emociones confundidas, confiando siempre en el Señor, el dueño de tu vida. En los salmos no solo encontramos las promesas que nos bendicen y fortalecen tanto, sino que además encontramos una gran expresión de sentimientos tanto dulces como amargos. Puedes ser sincero con el Señor, Él conoce tu corazón, te comprende, y además le duele tu dolor.

¿Cómo cuidar nuestras emociones y ayudarnos a nosotros mismos? Para tener una mente sana y mantener la salud mental es recomendable aceptar la realidad, permitirse el tiempo necesario para vivir todas las etapas del duelo, escuchar y respetar los normales desequilibrios de los estados emocionales durante el proceso, escuchar al cuerpo y atenderlo, ser sinceros con nosotros mismos y frente al Señor en oración, sin negar ni evadir los sentimientos de nuestro dolido corazón. Comprendemos a los discí-

> **Un concepto sanador es el de aceptar la nueva realidad, aunque no la hubiésemos deseado nunca.**

pulos porque al igual que nosotros se encontraron sorpresivamente en una situación inmanejable cuando estaban en la barca en medio de la tormenta mientras Jesús dormía. Su temor era hundirse en la tormenta. A veces parece que Jesús duerme mientras luchamos en medio de la tormenta, sin escuchar respuesta a nuestras oraciones, pero no, Jesús está en la barca con nosotros, nunca nos deja, él sabe todas las cosas y tiene el control sobre ellas. La fe en él nos ayuda a sostenernos hasta que pase la tormenta, y es allí donde veremos el poder del Señor, cuando se restablezca la situación tormentosa, aun cuando vivamos una nueva realidad.

Un concepto sanador es el de aceptar la nueva realidad, aunque no la hubiésemos deseado nunca. Aceptar no significa aprobar, en el sentido de calificar como bueno y positivo el suceso que ha provocado el sufrimiento. Aceptar no significa una resignación resentida ante lo que no queda más remedio que tolerar; aceptar quiere decir integrar la pérdida a la propia vida, lo cual es muy doloroso pero saludable.

¿Cómo ayudar a quienes han perdido un ser querido?

Estos son tiempos para aprender a acompañar en el dolor, para empatizar con el sufrimiento del otro, un tiempo para poner en práctica el «llorar con los que lloran", tiempo para ayudarse unos a otros de una manera diferente. Es un tiempo de consolación.

Lo mejor es acompañar, demostrar amor de todas las maneras posibles, respetar lo que nos expresen, aunque sea confuso, desatinado o equivocado, y brindar ayuda y cuidados. Ofrecerse a ayudar en lo que necesiten, en la casa, con los hijos, con trámites y compras, lo que sea; no enseñar lo que ya se sabe, mucho menos sermonear o juzgar; solo escuchar, rodearlos de amor y por sobre todas las cosas orar por ellos mucho, pero mucho. Reconocer y respetar sus sentimientos, las emociones expresadas, sus desequilibrados estados de ánimo. Respetar su llanto, sus risas, sus silencios; no esperar más de lo que puedan dar o hacer, no exigir. Respetar sus tiempos, no dejarlos solos, no olvidarse de ellos ni de su dolor, conectarse frecuentemente, preguntar cómo están, qué necesitan, decirles que estamos orando por ellos. Asegurarles que, aun así, en esta nueva realidad, la vida vale la pena ser vivida, que sus vidas están escondidas en Cristo, que el Señor está siempre presente y puede y quiere ayudarlos. Afirmar la verdad de que Dios nunca castiga con la enfermedad y la muerte, y que nada va a separarlos del amor incondicional de Dios; que son personas amadas por él y que nunca los abandonó. Que en la vida tenemos muchas preguntas sin respuesta, pero como bien dice Mateo 28:20, «[...] *De una cosa podrán estar seguros: Estaré con ustedes siempre, hasta el fin del mundo*».

Problemas económicos

A muchas familias la pandemia las ha dejado con una mayor inestabilidad económica, deudas imposibles de saldar y falta de recursos para cubrir las necesidades básicas de la vida familiar. Los problemas económicos movilizaron muchos sentimientos negativos, la desesperanza se apoderó de muchas familias y la pérdida de empleos llevó a la pregunta: ¿qué vamos a hacer ahora? Las crisis económicas impactan negativamente en la salud de la familia, trayendo incertidumbre, inseguridad y temor a perder la estabilidad.

Los problemas económicos deterioran la educación de los hijos y destruyen ilusiones familiares, lo que exacerba las crisis de ánimo. El desempleo agudiza problemas latentes en las familias, la insatisfacción desemboca en irritabilidad, la incertidumbre trae desasosiego y la falta de alimentos y productos esenciales produce miedo y desesperación. La falta de tolerancia se expresa con ira, enojo y hostilidad.

> El estrés es un trastorno de ansiedad. Cuando una persona sufre ansiedad transforma cualquier situación en un evento catastrófico.

La pérdida de empleo lleva a la desvalorización personal, a sentimientos de fracaso y falta de valía personal; la caída de la autoestima y la falta de reconocimiento genera estrés, que se expresa a través de la angustia. Si los problemas económicos se prolongan en el tiempo sin encontrar solución pueden llevar a problemas psicosomáticos como dolores cervicales, mareos, temblores, colesterol alto, accidentes cerebrovasculares, etc., que son el producto del estrés crónico. Estos problemas acarrean una carga de angustia y desesperanza tal que se el cuerpo resiente.

El estrés es un trastorno de ansiedad. Cuando una persona sufre ansiedad transforma cualquier situación en un evento catastrófico: si le duele el pecho cree que tiene un infarto, si le duele el estómago fantasea con una úlcera, y esto ocurre porque el miedo hace que se ponga la lupa en el propio cuerpo, cuando en realidad el motivo de la angustia está en el problema económico, porque el estresor más fuerte es la incertidumbre, sobre todo en el campo laboral. El que tiene familia y no tiene trabajo sufre de mucha angustia.

Problemas matrimoniales

La pandemia dejó tres resultados diferentes en la vida de las familias: rupturas matrimoniales, matrimonios en crisis y matrimonios que han crecido.

Rupturas matrimoniales

Los problemas de salud, emocionales y económicos revelaron la fragilidad de muchas relaciones matrimoniales. Muchos conflictos, que estaban ocultos por la rutina y el escaso intercambio de los miembros de la familia antes de la pandemia, salieron a la luz; el tiempo de pandemia encerró a las familias, en muchos casos, en ambientes reducidos, con niños encerrados, aburridos o descontrolados, y adultos temerosos y preocupados. La frustración del encierro trajo aparejado un mayor ensimismamiento, y todo hizo elevar la intolerancia, la irritabilidad, la violencia doméstica, verbal y física, lo que provocó heridas difíciles de sanar. Viejas peleas y rencores dieron cabida a un sinnúmero de sentimientos desagradables y perturbadores de malestar que dieron origen a mayores desavenencias y desencuentros, que luego desembocaron en separaciones y divorcios. El índice de separación y divorcio aumentó y también los pedidos de tratamientos psiquiátricos. Los matrimonios destruidos por relaciones quebradas supusieron un futuro incierto para muchos niños, que vivieron cambios vertiginosos y desconcertantes, y todos estos acontecimientos hicieron aumentar la cantidad de gente sufriendo en soledad.

Matrimonios en crisis

Muchos otros matrimonios no llegaron al divorcio, pero están sufriendo las consecuencias de conductas o decisiones destructivas en su relación y en sus propias vidas, vivenciando los síntomas de los trastornos emocionales. Aparecen los gritos, que aumentan la presión arterial y la frecuencia cardíaca: en las peleas, es como que el corazón salta por la boca; los niveles de estrés generan daño en el cerebro y en las emociones, y la ansiedad aparece con cambios de humor y hostilidad. Ellos necesitan ayuda. Leemos en Isaías 61:4 lo siguiente: «*Entonces ellos edificarán las antiguas ruinas, repararán las ciudades que hace largo tiempo fueron destruidas […]*», y en 1 Corintios 1:10, esto: «*Pero, amados hermanos, les suplico en el nombre de nuestro Señor Jesucristo que no discutan más,*

Las emociones en la pandemia se desordenaron y muchas se quebraron, y por esto es necesario un trabajo de reparación y reconstrucción.

que reine entre ustedes la armonía y cesen las divisiones. Les ruego encarecidamente que mantengan la unidad en sus pensamientos y propósitos».

El trabajo de estos matrimonios es reparar lo que está destruido entre ellos, poner en orden lo desordenado para poder aprender a no discutir y vivir en armonía y en unidad. Las emociones en la pandemia se desordenaron y muchas se quebraron, y por esto es necesario un trabajo de reparación y reconstrucción. Se produjeron grietas en las personas, se dañaron, se agredieron, hubo agujeros emocionales que debieron ser reparados, así como un albañil enmienda las paredes agrietadas y reconstruye lo que está desmoronado. Esto es tarea de Dios, Él puede y quiere hacerlo, pero hay que darle lugar y permitirle obrar en cada uno y en el vínculo que los une en matrimonio.

Es también tarea de cada uno trabajar para fortalecer el vínculo afectivo que los mantiene unidos. Ellos deben decidir cuidarse mutuamente y amarse más y mejor, y cuidar la relación; dedicar tiempo al crecimiento, la maduración y cambios a nivel personal; tiempo para perdonarse, respetarse y aceptarse cada uno a sí mismo y al otro tal cual es, y quererse así, con sus cualidades, virtudes y defectos. También necesitan tiempo para aprender a comunicarse más y mejor, decidirse a recuperar el diálogo afectuoso que alguna vez tuvieron, y desarrollar una comunicación constructiva con los hijos y restablecer relaciones familiares rotas. Este es un tiempo de ser sabios, reparar errores y construir nuevas maneras de relacionarse, de resistir a las tensiones y problemas para mantenerse firmes y unidos; es un tiempo de clamar al Señor en oración por un amor renovado en su matrimonio.

Suele decirse que el tiempo de crisis es tiempo de oportunidades, y es que un tiempo de incertidumbre es también un tiempo lleno de posibilidades. Es que Dios puede dar vuelta las cosas y los problemas suelen llegar a ser, a su tiempo, una fuente de bendición para ti y tu familia. En tiempos de crisis y dolor es bueno orar mucho y aun llorar en la presencia del Señor en esas horas de intimidad espiritual. Dios dice en Isaías 28:12 lo siguiente: «*Podrían disfrutar de reposo en su propia tierra si obedecieran a Dios y fueran generosos y buenos. Eso les dijo el Señor [...]*». Podremos transitar con éxito pandemias y pospandemias, crisis, problemas y sufrimientos, si oímos al Señor, miramos a los demás y mantenemos un carácter cristiano. Si se aprende a vivir en Su reposo, en obediencia; si actuamos con bondad y generosidad, Él nos dará las fuerzas necesarias para enfocarnos con determinación a hacer lo que Dios nos llama a realizar. Leemos: «*Por eso les digo que todo lo que pidan en oración, crean que lo recibirán, y así será*» (Marcos 11:24) y también Hebreos 11:1: «*La fe es la seguridad de recibir lo que se espera, es estar convencido de lo que no se ve*». También leemos en Santiago 1:6: «*Pero debe pedirla con fe, sin dudar, ya que el que duda es como las olas del mar que el viento agita y lleva de un lado a otro*». Finalmente, Jesús les señala a sus discípulos que se puede llegar a tener la fe suficiente para que lo que se considera imposible sea hecho por el poder de su nombre: «*—Por la poca fe que tienen —les respondió—. Les aseguro que, si tuvieran fe tan pequeña como un grano de mostaza, podrían decirle a esta montaña: 'Trasládate de aquí para allá', y se trasladaría. Para ustedes nada sería imposible*». (Mateo 17:20, NVI)

Matrimonios que han crecido

También hay que mencionar que hay un número no menor de matrimonios que gracias al encierro de la cuarentena han dedicado más tiempo para conversar, dialogar e intimar; se encontraron de una manera distinta, se acortó la distancia entre ellos, se dieron el tiempo para abordar situaciones que habían quedado pendientes, llegaron a acuerdos que bendijeron su relación y sus vidas. Su amor se enriqueció, su vínculo afectivo maduró y han salido fortalecidos de la pandemia. Disfrutaron más de los hijos, y vemos que estos matrimonios que reordenaron sus tiempos fueron los más efectivos en la organización del día: al levantarse, tenían un momento para el desayuno; luego seguían distintos momentos, charlas, jugar con los hijos, orar juntos, leer juntos o separados, tener un tiempo a solas, cantar en familia, alimentarse, recrearse con la televisión y mucho más. Tener el día dividido en momentos pautados que debían seguir los ayudó a planificar sus días y bajó la ansiedad de pensar «¿Qué vamos a hacer ahora?».

II- Tres recursos

Desarrollaremos tres conceptos que pueden servirnos de ayuda: sabiduría, flexibilidad y el *kairós* de Dios.

Sabiduría

Necesitamos sabiduría para en este tiempo nuevo sentirnos fuertes. Sabemos que el Señor tiene planes para cada uno de sus hijos, como dice Jeremías 29:11: «*Pues conozco los planes que para ustedes tengo, dice el Señor. Son planes de bien y no de mal, para darles un futuro y una esperanza*». Sus planes siempre son buenos para nuestra vida y familia. Ponemos los planes de Dios en práctica tomando correctas y sabias decisiones, para lo cual necesitamos sabiduría.

La fuente de donde obtenemos sabiduría proviene de lo alto, que es el discernimiento espiritual que solo Dios puede dar.

La fuente de donde obtenemos sabiduría proviene de lo alto, que es el discernimiento espiritual que solo Dios puede dar. Salmos 32:8, RVA-2015 dice: «*Te haré entender, y te enseñaré el camino en que debes andar [...]*»; Él nos dice que nos dará la sabiduría para emprender y nos mostrará cuáles son las decisiones adecuadas de acuerdo con su voluntad.

Las claves para la toma de decisiones correctas son la dependencia y la obediencia por la fe en el Señor, y a la guía la encontramos en Proverbios 24:3-6: «*Con sabiduría se construye la casa y con inteligencia sus cimientos; con conocimiento se llenan sus cuartos de toda clase de riquezas y cosas valiosas. El hombre sabio es más poderoso que el hombre fuerte. La guerra se hace con buena estrategia, la victoria se alcanza con muchos consejeros*».

Veamos cuáles son los consejos de este versículo:

Sabiduría: necesitamos sabiduría, que podemos pedir al Señor, y él la da sin reproche, como leemos en Proverbios 2:6: «*Porque el Señor concede sabiduría; de su boca fluyen conocimiento y ciencia*» y en Santiago 1:5: «*Si a alguno de ustedes le falta sabiduría, pídasela a Dios. Él se la dará, porque Dios da a todos en abundancia sin hacer ningún reproche*». La sabiduría da la capacidad para construir cosas, tener actividades, desarrollar tareas y realizar trabajos.

Inteligencia: la inteligencia genera ideas y propuestas nuevas, y posibilita la creatividad para reinventarse, para crear planes y proyectos nuevos, además de decidir con pensamientos creativos y con ideas nuevas, y actuar con buen juicio, tomando las decisiones más convenientes sin temor ni inseguridad en implementarlas.

Conocimiento: es lo que se aprende por estudiar. La capacitación ayuda a ampliar y construir ideas y pensamientos, y a comprender más y mejor aspectos necesarios para aplicar en el ámbito laboral. Al tener mayor conocimiento, mejora la capacidad de resolver los problemas, y esto levanta la autoestima y genera nuevas oportunidades.

Poder: «El hombre sabio es más poderoso». La sabiduría da poder, y el poder da autoridad para dominar las situaciones. El poder es el dominio para desarrollar nuevos emprendimientos y genera valentía, la que infunde confianza en sí mismo, en lo que sabe y puede hacer, y de esa manera enfrenta el temor al fracaso y a equivocarse.

Estrategia: es un conjunto de medidas, acciones planeadas y organizadas con cuidado que sirven para llevar a cabo un propósito o alcanzar un fin determinado. La estrategia es la capacidad de ver las posibilidades disponibles y armar un plan de acción y un programa para emprender o resolver asuntos actuando con prudencia, sin apresurarse y sin detenerse. La mejor estrategia es buscar consejos, ya que «en la multitud de consejos está la sabiduría».

La victoria se alcanza con muchos consejeros, por lo que entonces una buena estrategia antes de tomar una decisión y emprender algo nuevo es pedir consejos.

Flexibilidad

De las crisis se sale con flexibilidad. Para ayudarnos y ayudar frente a los problemas y tomar decisiones se requiere de flexibilidad, que es la capacidad de adaptarse a los cambios que las circunstancias exigen. Quizás para superar los problemas antes mencionados, este sea el tiempo de tomar decisiones y hacer cambios necesarios que den crecimiento a la relación matrimonial; quizás en el área laboral sea tiempo de emprender algo nuevo o de implementar nuevas formas de administrar los recursos de tiempo, esfuerzo y dinero. La flexibilidad surge de la capacidad de reconocer lo que se sabe hacer. El reconocimiento de las capacidades y dones con que has sido dotado por Dios pueden ser usados para nuevos emprendimientos.

Aquí las emociones pueden ser de ayuda o de freno. El temor y los miedos paralizan, las dudas, la inseguridad y la autodesvalorización detienen, pero el deseo, el entusiasmo y la motivación vigorizan. Se genera la energía necesaria para utilizar las capacidades que ya se tienen y salir a la búsqueda de nuevas opciones y posibilidades para emprenderlas con ideas creativas. La persona motivada sigue deseando, soñando, pensando en nuevas alternativas; se despiertan nuevas fuerzas y el cansancio desaparece. Con capacidad de trabajo, valor, esfuerzo y constancia se logra lo planeado.

El kairós de Dios en la pandemia

Kairós es el tiempo de la oportunidad. Puede ser un tiempo esperado, un tiempo señalado, el tiempo correcto, oportuno, adecuado y justo; es el tiempo que puede cambiar nuestro destino. En el Nuevo Testamento, *kairós* es utilizada más de ochenta veces y en cada oportunidad es para expresar el «cuándo» de Dios, el Dios de la eternidad: «*En tu mano están mis tiempos […]*» (Salmos 31:15 RVR1960).

1 Tesalonicenses 5:1 dice: «*Hermanos, ustedes no necesitan que yo les escriba cuándo ocurrirá esto*». Este texto nos muestra que tenemos que estar atentos al *kairós* de Dios, un tiempo difícil donde todos nuestros sentidos espirituales deben esperar las manifestaciones de Dios.

Sé sabio en manejar tu tiempo, para evitar episodios de estrés, ansiedad o angustia que puedan enfermarte; esto depende de ti, y así tendrás más oportunidades de aprovechar los *kairós* de Dios en tu vida, el tiempo oportuno y diseñado desde el cielo, donde Dios intervendrá de una manera sobrenatural y poderosa. La pandemia puede ser el tiempo oportuno para que se dé en tu vida el propósito que Dios tenía preparado o planeado de antemano para que realices algo determinado. Leemos en Efesios 2.10 que «*Somos creación de Dios, creados en Cristo Jesús para hacer las buenas obras que Dios de antemano ya había planeado*». Es tiempo de reconocer que tu vida tiene un propósito y eres un diseño único de Dios, con tus propias potencialidades y atributos; es tiempo de creer además en las capacidades propias y vencer actitudes negativas, pensamientos autodestructivos que amenazan con instalarse y paralizar el futuro. Es tiempo de superar la caída de la autoestima que dejó la pandemia; Dios te dio los medios para ser y hacer lo que él quiere que hagas, por ejemplo, hacer un buen trabajo en este tiempo que ya ha sido preparado por Dios de antemano.

Sé sabio en manejar tu tiempo para evitar episodios de estrés, ansiedad o angustia que puedan enfermarte.

Es también tiempo de sacudirse los miedos que trajo la pandemia, que detienen y paralizan, porque ahora es tiempo de reconstruir lo que se desarmó y rompió, de construir otro proyecto con nuevas y renovadas fuerzas. Es tiempo de animarse y animar a otros a emprender, a soltar el pasado y mirar hacia adelante, tiempo para aprender a administrar los recursos de tiempo, esfuerzo y dinero, tiempo de cooperación, de apoyarse en familia el uno al otro para caminar juntos hacia una misma meta familiar, de comenzar juntos algo en el área laboral, aprendiendo a ayudarse, valorarse y animarse unos a otros, desechando la desvalorización y todo tipo de agresiones y competencias destructivas, para unir esfuerzos para el bien de todos.

Es tiempo de reconocer que se puede, porque las fuerzas provienen de Dios. Leemos en Filipenses 4:13: «*Todo lo puedo en Cristo que me da fortaleza*». Es tiempo de reconocer que tienes dones, talentos, capacidades y cualidades dadas por Dios para que las desarrolles mientras vives, y debes agradecer a Dios por ello.

La sabiduría te da el qué, la flexibilidad te da el cómo y el kairós de Dios te da el cuándo. ¡Con Dios lo tenemos todo!

Con un amor renovado en el matrimonio y la familia, y una intimidad profunda con el Señor, con la sabiduría que proviene de Dios, la flexibilidad puesta en marcha y conociendo del *kairós* de Dios, pueden soportarse y enfrentarse las dificultades y los problemas económicos, y emprender un camino nuevo mirando hacia el futuro con esperanza.

La sabiduría te da el *qué*, la flexibilidad te da el *cómo* y el *kairós* de Dios te da el *cuándo*. ¡Con Dios lo tenemos todo!

Breve descripción del rol de los profesionales y agentes de salud en el área de salud mental

Psiquiatra

Es un médico especializado en el área de la salud mental. Se encarga de prevenir, diagnosticar y tratar los trastornos mentales, emocionales y de comportamiento, y de llevar adelante los tratamientos adecuados. Está capacitado para prescribir medicación, aconsejando y recetando los fármacos adecuados, teniendo en cuenta sus efectos terapéuticos, efectos secundarios indeseables o posibles interacciones con otros medicamentos que la persona esté tomando. Realiza los controles y ajustes de la medicación, la evaluación y el seguimiento de los tratamientos.

Neurólogo

Es un médico especialista en enfermedades que afectan al sistema nervioso central y al sistema neuromuscular, esto quiere decir que se encarga de todas aquellas afecciones tanto del cerebro como de los nervios y músculos del sistema nervioso. Entre las más frecuentes se encuentran las cefaleas o migrañas, el Alzheimer, Parkinson, esclerosis múltiple, epilepsia, accidente cerebrovascular o ictus y tumores. En la consulta realiza una exploración física y puede indicar o realizar las pruebas complementarias necesarias en cada caso (tomografía cerebral, resonancia magnética, etc.) para arribar a un diagnóstico preciso.

Psicólogo

Es un profesional calificado que ha recibido una formación universitaria formal en psicología. La carrera se cursa en cuatro o cinco años (según los planes de estudio de cada universidad), y al finalizar completa su licenciatura con una tesis (su título es licenciado en psicología). Los psicólogos estudian la conducta humana, entendiendo dentro de este concepto cuestiones relacionadas con el aprendizaje, procesos de pensamiento, emociones y comportamientos, tanto en su desarrollo normal como en sus diferentes trastornos o problemas. Realiza también psicodiagnósticos a través de entrevistas libres y pautadas y la administración de una batería de tests. El psicodiagnóstico es un proceso que tiene por objetivo principal valorar el estado de salud mental de la persona consultante, y resulta fundamental para orientar un tratamiento adecuado; dentro de dicho diagnóstico se evalúan las distintas áreas del funcionamiento psicológico del paciente (afectiva, cognitiva y relacional) y se intenta definir las características de personalidad y conflictos que subyacen al motivo de consulta que la persona trae consigo.

Counselor

Es el profesional del *counseling*, cuyo trabajo apunta al desarrollo personal y la utilización del potencial de la persona. No interviene en enfermedades mentales. Está dirigida a personas que necesitan un momento de escucha y acompañamiento para comprender mejor sus problemas y facilitar la resolución de estos, tomando decisiones o realizando cambios en algunos aspectos de sus vidas. Su área de trabajo es en instituciones. En Argentina es una carrera técnica a nivel terciario de dos años de duración, asistiendo a las clases en forma virtual y presencial tres veces por semana.

Acompañante terapéutico

En Argentina es un estudio de pregrado de dos años de duración, y su función es brindar asistencia y contención a pacientes crónicos o agudos, en el domicilio del paciente o en instituciones de salud mental. El acompañante terapéutico es un auxiliar en salud que acompaña al enfermo mental y a su familia con asistencia domiciliaria personalizada. Una de sus funciones es brindar contención a pacientes en tiempos de crisis. Según el cuadro, puede acompañarlo en su domicilio por tiempos breves o prolongados; en algunos casos, colabora con él para que pueda realizar ciertas actividades cotidianas que, en solitario, no podría llevar a cabo. Una de sus funciones es encontrar los vestigios de fuerza de voluntad que quedan en sus pacientes, y construir a partir de ellos una gran fuente de energía para salir adelante.

También es usual que el acompañante terapéutico impulse al paciente a continuar con su tratamiento, sobre todo cuando existen problemas de tipo psicológico que dificultan el avance de la terapia. El profesional debe estar capacitado para ayudarlo a superar las barreras emocionales, y otra de sus funciones es potenciar las relaciones sociales del paciente; para esto, puede impulsarlo a participar en juegos y propuestas lúdicas, o incluso a realizar tareas laborales, brindándole su compañía en este marco. Puede decirse, en definitiva, que el acompañante terapéutico es el sostén del paciente mientras desarrolla su tratamiento. El objetivo es que el individuo que recibe el acompañamiento pueda mejorar su condición y adquirir toda la autonomía posible, minimizando las limitaciones y explotando las capacidades adquiridas; así, una vez que finaliza el tratamiento, la persona debe contar con más recursos para desarrollar su vida.

Consejería pastoral

Un gran porcentaje de cristianos que tienen problemas emocionales o mentales probablemente concurran a consultar a un pastor antes que a un profesional. Es la habilidad del pastor o líder, que con discernimiento espiritual puede aconsejar, guiar y ayudar a las personas a resolver sus conflictos personales o relacionales. Los pastores son entonces llamados a aconsejar y a determinar cuándo es necesario derivar estas consultas a un profesional del área.

La consejería cristiana ha estado con nosotros desde los tiempos bíblicos. La Biblia está llena de hombres y mujeres espirituales que fueron usados por Dios para animar, guiar, soportar, confrontar, aconsejar, y de alguna manera ayudar a las necesidades. Jesús es descrito como el maravilloso consejero, y sus seguidores fueron enseñados a utilizar la palabra de Dios para esta tarea, como leemos en 2 Timoteo 3:16: «*La Escritura entera está inspirada por Dios y es útil para enseñarnos, para reprendernos, para corregirnos y para indicarnos cómo llevar una vida justa*». Como vemos, la herramienta principal del consejero cristiano es la palabra de Dios utilizando sus verdades reveladas. La palabra de Dios «*[…] penetra hasta partir el alma y el espíritu, las coyunturas y los tuétanos, y discierne los pensamientos y las intenciones del corazón*» (Hebreos 4:12, RVR1960).

Las técnicas en consejería pastoral dependen en gran medida de la personalidad del pastor y de la naturaleza de los problemas a tratar.

No hay una aproximación única para aconsejar bíblicamente, como tampoco la hay para hacer misión, evangelizar o predicar.

Sanidad interior

También llamada también *sanidad de las emociones dañadas, sanidad de las memorias* o *sanidad del espíritu herido*. Estos nombres describen muy bien de qué se trata la sanidad interior.

Leemos en 1 Tesalonicenses 5:23-24 lo siguiente: «*Que Dios mismo, el Dios de paz, los santifique por completo. Que mantenga sin culpa todo su ser —espíritu, alma y cuerpo—, para cuando el Señor Jesucristo regrese. El que los llama es fiel, y por eso hará todo lo que ha dicho*». Este versículo describe lo que significa la sanidad interior: el santificarnos como cristianos, y mantenernos sin culpa en nuestro espíritu y alma. Habla de una transformación interior, y es el proceso mediante el cual una persona que ya ha aceptado a Cristo como su salvador es liberada y sanada de heridas y traumas de experiencias pasadas o presentes.

La sanidad interior es la sanidad de las experiencias dolorosas o traumáticas. Durante el proceso se utilizan técnicas que ayudan a las personas a liberarse de ataduras por falta de perdón. Se los ayuda a ser libres al dar el perdón a quienes los han dañado, defraudado o tienen diversos tipos de deudas con él, y a pedir perdón por sus propias faltas y pecados. Esto implica una transformación y renovación del alma, voluntad, emociones y mente por medio de la palabra de Dios y del Espíritu Santo. La revelación que se tiene en los momentos de sanidad es dada por el Espíritu Santo y por los dones de revelación. Este proceso ayuda a desarrollar una actitud agradecida, a dejar la culpa, la tristeza y el enojo que traen las situaciones dolorosas del pasado y la ansiedad, desesperación y falta de fe que traen las situaciones del presente, para creer y confiar en Dios y derribar las paredes que limitan el poder del Espíritu Santo.

Congresos médicos y publicaciones científicas que aluden a la fe y la espiritualidad como recursos beneficiosos para la salud mental

El concepto de espiritualidad como un factor de fortaleza en la enfermedad mental ha ido cobrando cada vez más importancia en congresos de la especialidad y en publicaciones científicas.

Congresos

Los congresos de psiquiatría a nivel mundial han incluido entre sus talleres o presentaciones la temática de la salud mental y la espiritualidad, teniendo en cuenta dentro del ámbito médico la influencia positiva de esta área en la evolución de las enfermedades mentales. Mencionaremos algunos ejemplos en ese sentido:

- ➤ AASM (Asociación Argentina de Salud Mental), congreso del 20 al 22 de octubre de 2021 en Buenos Aires (Argentina). Una ponencia fue *Capítulo de salud mental y espiritualidad*.

- ➤ VII Congreso Regional de la WFMH (World Federation of Mental Health). Un eje temático del congreso fue *Estrategias y recursos psicoespirituales en tiempos de pandemia*, de donde rescatamos algunas de sus consideraciones: «*El estudio de la espiritualidad en el campo de la salud ha permitido el desarrollo de una fundada evidencia científica. Comprendiendo la integralidad del ser humano y las múltiples dimensiones de la espiritualidad, se presentan diversos recursos de carácter psicoespiritual como estrategias de afrontamiento en tiempos de crisis sociosanitaria*».

- ➤ I Congreso Europeo de Antropología Cristiana y Ciencias de la Salud Mental, organizado por la Universitat Abat Oliba CEU (Barcelona, España) el 13 y 14 de setiembre de 2019. En un comunicado, la Universitat explicó que la relación entre espiritualidad y salud mental «*ha sido un aspecto problemático durante mucho tiempo, y en el caso concreto del cristianismo ha existido durante muchas décadas una disposición de rechazo mutuo que ha dificultado la integración de los principios de la antropología cristiana con los fundamentos y prácticas de la psicología. Cristianismo y psicología han vivido de espaldas durante mucho tiempo el uno del otro*».

- ➤ En el Congreso Mundial de Salud Mental desarrollado en Buenos Aires (Argentina) del 5 al 8 de noviembre de 2019, uno de los ejes temáticos fue *Salud mental y espiritualidad*. Allí tuvo su ponencia un pastor evangélico.

- ➤ En el XXVII Congreso Argentino de Salud Mental organizado por APSA (Asociación de Psiquiatras Argentinos), uno de los ejes temáticos de los capítulos del congreso fue *Psiquiatría y espiritualidad.*

➤ La Dirección General de Investigación de la Universidad Antonio Ruiz de Montoya (Perú) realizó la Cuarta Semana de Investigación 2021 - Memoria, transformación y compromiso. En el tercer día se presentó *¿Es la espiritualidad un tema relevante para la salud mental?*[1].

➤ Del 26 al 28 de septiembre de 2014 tuvo lugar el V Congreso de Antropología, Psicología y Espiritualidad organizado por la Cátedra Edith Stein de la Universidad de la Mística (Ávila, España). En esta ocasión, el congreso se tituló *De víctimas a supervivientes*, haciendo referencia al proceso de superación y crecimiento personal que supone sobrevivir a un evento traumático.

➤ En el XXXIX Congreso Brasileño de Psiquiatría del 5 al 8 de octubre de 2022, un eje temático fue *Psiquiatría y espiritualidad.*

Publicaciones científicas

En los últimos tiempos se han publicado innumerables estudios sobre el beneficio de la fe y las prácticas religiosas en la evolución de las enfermedades mentales. En muchas de las publicaciones científicas, ante la dificultad de medir el nivel de fe y espiritualidad de una persona cuando enfrenta una enfermedad mental, se tomaron distintas variables e indicadores para elaborarlo de forma indirecta, cuantificando a través de cuestionarios sus conductas y acciones. Estas fueron:

➤ Frecuencia con que asiste a alguna iglesia o culto religioso

➤ Si es un miembro activo de la misma

---

1. ¿Es la espiritualidad un tema relevante para la salud mental? Universidad Antonio Ruiz de Montoya - https://bit.ly/3Ab2bJP

> Nivel de compromiso y sentido de pertenencia que manifiesta

> Cantidad de tiempo que dedica a la oración

> Frecuencia con que lee los textos sagrados

> Cuántas decisiones toma de acuerdo con su fe

> Si su propósito en la vida y metas tienen relación con lo espiritual

> Si tiene temor a la muerte

> Si tiene esperanza de vida eterna

En un gran número de estas publicaciones, las conclusiones son muy interesantes; mencionamos algunas de ellas:

> Las personas que tienen prácticas religiosas podrían aumentar hasta siete años su expectativa de vida[2].

> La cuarta edición del DSM (Manual de Diagnóstico y Estadística de Desórdenes Mentales) reconoce la espiritualidad como fuente relevante para el apoyo del distrés emocional[3].

> En EE. UU., en 1994, solo tres escuelas médicas tenían la espiritualidad en su currículo; en 1997 aumentaron a treinta.

> En un estudio realizado sobre 91000 sujetos de Maryland, se descubrió una más reducida prevalencia de cirrosis, enfisema, suicidio y cardiopatía isquémica en personas que asistían regularmente a su respectivo lugar de culto religioso[4].

> Estudios tales como el de Damianakis (2012) afirman que se produce una correlación positiva entre la dimensión

2. Hummer, R. A., Rogers, R. G., Nam, C. B., Ellison, C. G. Religious involvement and U.S. adult mortality. Demography, 1999; 36: 273-85. Helm, H. M., Hays, J. C., Flint, E. P., Koenig, H. G., Blazer, D. G. Does private religious activity prolong survival? A six-year follow-up study of 3,851 older adults. J Gerontol A Biol Sci Med Sci, 2000; 55: 400-5

3. La espiritualidad en la relación médico-paciente. intramed.net - https://bit.ly/3y3YFhO

4. Comstock, G. W., Partridge, K. B. Church attendance and health. J Chronic Dis, 1972; 25: 665-72

espiritual de la persona y la capacidad de adaptación al duelo de la pérdida del cónyuge[5].

> Recientemente se ha constatado la existencia de bajos niveles de depresión, junto a notables niveles de salud general, en un estudio realizado en ancianos coreanos que se caracterizaban por un elevado nivel de religiosidad y espiritualidad[6].

> Encontramos estudios en los que la oración intercesora presenta una eficacia ansiolítica, así como también en relación al incremento de la autoestima[7].

> Se llega a sostener el impacto favorable que, sobre pacientes cristianos con patología depresiva, se derivaría de una terapia cognitiva basada en la religión[8].

> Conductas y actitudes basadas en creencias religiosas, como las relacionadas con el tabaco, la bebida, el ejercicio físico o la moderación alimenticia, pueden motivar comportamientos que fomentan la salud y disminuyen el riesgo de enfermedad[9].

> La fe establecería una estructura mental que configura en la persona una aptitud para un adecuado afrontamiento en lo relativo a la salud y la enfermedad. Así, el estilo cognitivo de un individuo religioso puede proporcionar un modo saludable de comportamiento ante el dolor, el sufrimiento y otros componentes asociados a las patologías[10].

---

5. Damianakis, T., Marziali E. Older adults' response to the loss of a spouse: the function of spirituality in understanding the grieving process. Aging Ment Health, 2012; 16(1):57-66

6. You K. S., Lee H. O., Fitzpatrick J. J., Kim, S., Marui, E., Lee, J. S. et al. Spirituality, depression, living alone, and perceived health among Korean older adults in the community. Arch Psychiatr Nurs, 2009; 23: 309-22

7. O'Laoire S. An experimental study of the effects of distant, intercessory prayer on self-esteem, anxiety, and depression. Altern Ther Health Med, 1997; 3: 38-53

8. Ostrom, R., Watkins, P., Dean, T., Mashburn, D. Comparative efficacy of religious and non-religious individuals. J Consult Clin Psychol, 1992; 60: 94-103

9. Snyder, C. R. The past and possible futures of hope. J Soc Clin Psychol, 2000; 19: 11-28

10. Muris, P, De Jong, P. Monitoring and perception of threat. Pers Indiv Differ, 1993; 15: 467-70

> Personas que habitualmente no presentan ideas o prácticas religiosas, sí pueden hacerlo ante situaciones de crisis o enfermedad, lo cual se asocia con la percepción de una pérdida de control personal frente a dicha situación, que las lleva a la búsqueda de un poder superior o un dios como estrategia de afrontamiento[11].

> La espiritualidad, la actividad religiosa y la oración han sido una fuente de consuelo y alivio del estrés para multitudes de personas[12].

> Seligman y Peterson nos hablan de cuáles son los rasgos psicológicos positivos de las personas, e identifican veinticuatro fortalezas de carácter o virtudes personales atribuibles en todas las culturas del mundo. En su clasificación de fortalezas y virtudes humanas consideran a la espiritualidad, la religiosidad y la fe como una fortaleza de carácter. Pensar que existe un propósito o un significado universal en las cosas que ocurren en el mundo y en la propia existencia, creer que existe algo superior que da forma y determina nuestra conducta y nos protege, es una fortaleza de carácter[13].

Todo esto nos muestra que, aun dentro del mundo secular, los profesionales de la salud mental comprenden la importancia de la fe y de las creencias religiosas para una mejor evolución de las enfermedades mentales. Actualmente se valoriza el ser creyente o la espiritualidad en general como factor de apoyo y fortaleza.

---

11. Koenig, H. G. Religion, spirituality, and health: a review and update. Adv Mind Body Med., 2015; 29(3):19-22. 5. Moreira-Almeida, A., Koenig, H. G., Lucchetti, G. Clinical implications of spirituality to mental health: review of evidence and practical guidelines. Rev Bras Psiquiatr, 2014; 36:176-82

12. Wachholtz, A. B., Sambamthoori, U. National trends in prayer use as a coping mechanism for depression: changes from 2002 to 2007. J Relig Health, 2013; 52(4):1356-68. doi:10.1007/s10943-012-9649-y

13. Las 24 fortalezas personales. Martin Seligman - https://bit.ly/3nplcPT

Referencias Bibliográficas

Capítulo 1

1. Battie, W., Monro, J. y otros. Los prolegómenos del tratamiento moral, 2013, Editorial Polemos, Buenos Aires, pág. 307

2. Organización Mundial de la Salud – Preguntas más frecuentes - https://bit.ly/39YCv8F

3. Sigerist, H.,1941

4. Dubos, R., 1995

5. Lalonde, Marc: El concepto de campo de la salud: una perspectiva canadiense. En: Promoción de la Salud: Una Antología, OPS-OMS, Washington, DC, Publicación Científica Nº 557, Págs. 3-5, 1996

6. World Health Organization, Mental health: Strengthening our response Fact Sheet (2016) - https://bit.ly/3y3Yd35/

7. La salud mental en cifras – Confederación Salud Mental España - https://bit.ly/3bE8OKF

8. Moffitt, E. y Caspi, A. Preventing the Intergenerational Continuity of Antisocial Behavior: Implications of Partner Violence, in D. P. Farrington & J.W. Coid (Eds.), Early Prevention of Adult Antisocial Behavior (Cambridge, UK, Cambridge University Press, 2003), 109-29

9. Consumo de drogas en la población general. argentina.gob.ar - https://bit.ly/3a2CD71

10. Kandel E. R. A new intellectual framework for psychiatry. Am J Psychiatry, 1998; 155: 457-69

11. Solomon, C. R. Hacia la felicidad. Casa Bautista de publicaciones, 1978, págs. 26 y 37

12. Collins, G. Search for Reality. Santa Ana, Vision House

13. Padilla, C. R. Holistic Mission, Lausanne Occasional Paper No. 33: Holistic Mission, 2005, 11-23 https://bit.ly/3QRnfLk

14. La salud mental y la iglesia: La gente está buscando misericordia. Baptist Press - https://bit.ly/3y3D09u

15. Stetzer, E. Sermons Stop Stigma, Plenary address via video at the Summit on the Church, Health, and Mental Health (Belhaven University, Jackson, MI, 2016)

Capítulo 2

1. Carga global de enfermedad mental en 204 países – IntraMed.net - https://bit.ly/3bwWtHW

2. 2020: Un año desafiante para la salud mental – news.un.org - https://bit.ly/3I6hYLV

3. La salud mental en cifras – Confederación Salud Mental España - https://bit.ly/3bE8OKF

4. La OPS destaca la crisis de salud mental poco reconocida a causa de la COVID-19 en las Américas – Organización Panamericana de la Salud - https://bit.ly/3nl90ku

5. 2020: Un año desafiante para la salud mental – news.un.org - https://bit.ly/3I6hYLV

Capítulo 3

1. Brueggemann, W. The Psalms and the Life of Faith: A Suggested Typology of Function, Journal for the Study of the Old Testament, 17 (1980), 3-32

Capítulo 5

1. Spurgeon y sus aflicciones. allanroman.blogspot.com https://bit.ly/3ON78wp

2. La angustia y agonía de Charles Spurgeon - http://www.spurgeon.com.mx/angustias.html

3. Bunyan, John. El Progreso del Peregrino. 2009, Editorial CLIE

4. Freedman, Kaplan y Sadok. Tratado de Psiquiatría, Ed. Salvat, Barcelona, España, pág. 1381

5. Dante Gebel – La iglesia debería ser el lugar más auténtico. diariolibre.com - https://bit.ly/3u6NxQ8

Capítulo 6

1. The price of prosociality in pandemic times. socialscience.nature.com - https://go.nature.com/3np1xkn

2. La importancia de las experiencias tempranas de cuidado afectivo y responsable en los menores. redaylic.org - https://bit.ly/3y4zEmu

Apéndice II

1. ¿Es la espiritualidad un tema relevante para la salud mental? Universidad Antonio Ruiz de Montoya - https://bit.ly/3Ab2bJP

2. Hummer, R. A., Rogers, R. G., Nam, C. B., Ellison, C. G. Religious involvement and U.S. adult mortality. Demography, 1999; 36: 273-85. Helm, H. M., Hays, J. C., Flint, E. P., Koenig, H. G., Blazer, D. G. Does private religious activity prolong survival? A six-year follow-up study of 3,851 older adults. J Gerontol A Biol Sci Med Sci, 2000; 55: 400-5

3. La espiritualidad en la relación médico-paciente. intramed.net - https://bit.ly/3y3YFhO

4. Comstock, G. W., Partridge, K. B. Church attendance and health. J Chronic Dis, 1972; 25: 665-72

5. Damianakis, T., Marziali E. Older adults' response to the loss of a spouse: the function ofspirituality in understanding the grieving process. Aging Ment Health, 2012; 16(1):57-66

6. You K. S., Lee H. O., Fitzpatrick J. J., Kim, S., Marui, E., Lee, J. S. et al. Spirituality, depression, living alone, and perceived health among Korean older adults in the community. Arch Psychiatr Nurs, 2009; 23: 309-22

7. O'Laoire S. An experimental study of the effects of distant, intercessory prayer on self-esteem, anxiety, and depression. Altern Ther Health Med, 1997; 3: 38-53

8. Ostrom, R., Watkins, P., Dean, T., Mashburn, D. Comparative efficacy of religious and non-religious individuals. J Consult Clin Psychol, 1992; 60: 94-103

9. Snyder, C. R. The past and possible futures of hope. J Soc Clin Psychol, 2000; 19: 11-28

10. Muris, P, De Jong, P. Monitoring and perception of threat. Pers Indiv Differ, 1993; 15: 467-70

11. Koenig, H. G. Religion, spirituality, and health: a review and update. Adv Mind Body Med., 2015; 29(3):19-22. 5. Moreira-Almeida, A., Koenig, H. G., Lucchetti, G. Clinical implications of spirituality to mental health: review of evidence and practical guidelines. Rev Bras Psiquiatr, 2014; 36:176-82

12. Wachholtz, A. B., Sambamthoori, U. National trends in prayer use as a coping mechanism for depression: changes from 2002 to 2007. J Relig Health, 2013; 52(4):1356-68. doi:10.1007/s10943-012-9649-y

13. Las 24 fortalezas personales. Martin Seligman - https://bit.ly/3nplcPT

ALGUNAS PREGUNTAS QUE DEBES RESPONDER:

¿QUIÉN ESTÁ DETRÁS DE ESTE LIBRO?

Especialidades 625 es un equipo de pastores y siervos de distintos países, distintas denominaciones, distintos tamaños y estilos de iglesia que amamos a Cristo y a las nuevas generaciones.

e625.com

¿DE QUÉ SE TRATA E625.COM?

Nuestra pasión es ayudar a las familias y a las iglesias en Iberoamérica a encontrar buenos materiales y recursos para el discipulado de las nuevas generaciones y por eso nuestra página web sirve a padres, pastores, maestros y líderes en general los 365 días del año a través de **www.e625.com** con recursos gratis.

zona de contenido
PREMIUM

¿QUÉ ES EL SERVICIO PREMIUM?

Además de reflexiones y materiales cortos gratis, tenemos un servicio de lecciones, series, investigaciones, libros online y recursos audiovisuales para facilitar tu tarea. Tu iglesia puede acceder con una suscripción mensual a este servicio por congregación que les permite a todos los líderes de una iglesia local, descargar materiales para compartir en equipo y hacer las copias necesarias que encuentren pertinentes para las distintas actividades de la congregación o sus familias.

¿PUEDO EQUIPARME CON USTEDES?

Sería un privilegio ayudarte y con ese objetivo existen nuestros eventos y nuestras posibilidades de educación formal. Visita **www.e625.com/Eventos** para enterarte de nuestros seminarios y convocatorias e ingresa a **www.institutoE625.com** para conocer los cursos online que ofrece el Instituto E 6.25

¿QUIERES ACTUALIZACIÓN CONTINUA?

Regístrate ya mismo a los updates de **e625.com** según sea tu arena de trabajo: Niños- Preadolescentes- Adolescentes- Jóvenes.

¡APRENDAMOS JUNTOS!